ちくま学芸文庫

餓死《うえじに》した英霊たち

藤原 彰

筑摩書房

目次

第三章　日本軍隊の特質

はじめに——戦没者の過半数は餓死だった

第二次世界大戦（日本にとってはアジア太平洋戦争）において、日本人の戦没者数は三一〇万人、その中で軍人軍属の死者数は二三〇万人とされている。敗戦直後の一九四五年九月、東久邇内閣が発表した陸海軍人の戦没者数は五〇万七〇〇〇人にすぎなかったが、調査がすすむとともにその数が増えつづけ、一九七七年に厚生省が明らかにした数字では、「軍人・軍属・准軍属」の戦没者二三〇万、外地での戦没、一般邦人三〇万、内地での戦災死者五〇万、計三一〇万人となっている。なお調査や遺骨収集はつづいており、正確な数は依然として明らかにされていないが、現在では日本軍人の戦没者二三〇万人というのが、政府が明らかにしている概数である。

この戦争で特徴的なことは、日本軍の戦没者の過半数が戦闘行動による死者、いわゆる名誉の戦死ではなく、餓死であったという事実である。「靖国の英霊」の実態は、華々しい戦闘の中での名誉の戦死ではなく、飢餓地獄の中での野垂れ死にだったのである。

栄養学者によれば、飢餓には、食物をまったく摂取しないで起こる完全飢餓と、栄養の不足または失調による不完全飢餓があるとされている。この戦争における日本軍の戦闘状況の特徴は、補給の途絶、現地で採取できる食物の不足から、膨大な不完全飢餓を発生させたことである。そして完全飢餓によって起こる餓死だけでなく、不完全飢餓による栄養失調のために体力を消耗して病気にたいする抵抗力をなくし、マラリア、アメーバ赤痢、デング熱その他による多数の病死者を出した。この栄養失調に基づく病死者も、広い意味で餓死といえる。そしてこの戦病死者の数が、戦死者や戦傷死者の数を上回っているのである。

戦死よりも戦病死の方が多い。それが一局面の特殊な状況でなく、戦場の全体にわたって発生したことが、この戦争の特徴であり、そこに何よりも日本軍の特質をみることができる。悲惨な死を強いられた若者たちの無念さを思い、大量餓死をもたらした日本軍の責任と特質を明らかにして、そのことを歴史に残したい。大量餓死は人為的なもので、その責任は明瞭である。そのことを死者に代わって告発したい。それが本書の目的である。

餓死《うえじに》した英霊たち

凡例

1. 引用文は原則として原文のままとし、片仮名は平仮名に直さない。
2. 聯隊、聯合艦隊などは略字に直さず、当時の用法に従った。
3. 年号は西暦を用い、引用の場合のみ昭和などを残した。例：一九四五年三月二七日。
4. 数字は十、百、千などの和数字を使わず、万、億のみを使用した。例：三万二一五五人、一万二五〇〇キロなど。ただし第二十師団、歩兵第百四聯隊などの部隊名は、固有名詞なのでそのままとする。
5. 引用文の出所の中で多出するものは、次のように省略した。
防衛庁防衛研修所戦史室著『戦史叢書・南太平洋陸軍作戦〈1〉――ポートモレスビー・ガ島初期作戦――』、朝雲新聞社、一九六八年を、『戦史叢書・南太平洋陸軍作戦〈1〉』、一九六八年のように、著者名、サブタイトル、発行者名を省略する。

「防衛庁防衛研究所附属図書館所蔵史料」を、「防研史料」と略記する。

第一章

餓死の実態

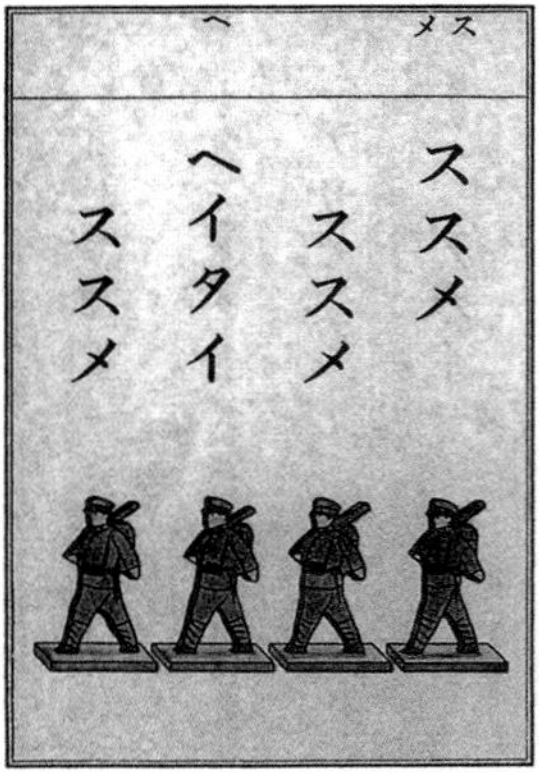

1　ガダルカナル島の戦い

(1)　無謀な陸軍投入

餓死という言葉でまず思い浮かぶのは、ガダルカナル戦での大量の餓死者の発生である。ガ島は餓島といわれていたほど、この島での日本軍の餓死の状況は悲惨だったのである。

太平洋戦線で米軍の反攻が開始されて戦局転換のきっかけとなったのは、開戦二年目の一九四二年八月から四三年一月にかけてのガダルカナルの戦いであった。日本海軍がこの島に航空基地を建設したのを脅威と感じた米軍が、海兵一個師団を上陸させて飛行場を占領したことから攻防戦が開始された。日本軍は奪回のために次々と制海権、制空権がないのに陸軍を送りこんだ。しかし軍隊の輸送さえままならず、上陸した部隊は補給が途絶している上に、利用すべき現地物資も皆無に近く、餓死続出の惨状をもたらした。そして半年後に、装備を捨てて人員だけを辛うじて撤収した。この撤収は、国民には「転進」と発表されたが、太平洋戦線でつづく退却の第一歩となったのである。
この第十七軍のガダルカナル撤退を指揮したラバウルの第八方面軍司令官今村均大将は、その回顧録に次のように書いている。

五ヶ月以前、大本営直轄部隊として、ガダルカナル島に進められた第十七軍の百武中将以下約三万の将兵中、敵兵火により斃《たお》れた者は約五千、餓死したものは約一万五千、約一万のみが、救出されたのだ。(1)

そして自決して責任をとると申し出た百武軍司令官を押しとどめた言葉の中でも、次のようにいったと述べている。

今度のガ島での敗戦は、戦によったのではなく、饑餓の自滅だったのであります。この飢えはあなたが作ったものですか。そうではありますまい。日本人の横綱に、百日以上も食を与えず、草の根だけを口にさせ、毎日たらふく食ってるかけだしの米人小角力に、土俵のそとに押しだされるようにしたのは、全くわが軍部中央部の過誤によったものです。

これは、補給と関連なしに、戦略戦術だけを研究し教育していた、陸軍多年の弊風が累をなし、既に制空権を失いかけている時機に、祖国からこんなに離れた、敵地に近い小島に、三万からの第十七軍をつぎこむ過失を、中央は犯したものです。(2)

まさにガダルカナルの敗戦の原因、餓死者大量発生の責任を的確に衝く言葉ということができる。

四二年六月五日のミッドウェー海戦によって、日本海軍は主力航空母艦四隻を失い、太平洋戦線における制空権を失った。それなのに、八月七日に米軍がガダルカナルに上陸すると、そのときの前線基地ラバウルから六〇〇カイリ(約一一〇〇キロメートル)も前方にあるこの島に、大本営は次々に陸軍兵力を送りこんでいったのである。

服部卓四郎の『大東亜戦争全史』は、「ガダルカナル島に対する米軍の反攻開始」の部分のはじめに、「ガダルカナル島——陸軍全然知らず」という小見出しをつけ、「大本営陸軍部は敵が上陸するまで、海軍がガダルカナルに飛行場を建設し、又一部兵力をこの方面に派遣していたことについて海軍側より何等の通報も受けず、従って全く知らなかった」(3)と述べている。名著として評判の高いこの本だが、参謀本部(大本営陸軍部)作戦課長(第一部第二課長)として、ガダルカナルへの陸兵派遣の当事者であった筆者としては、責任逃れの言葉としか考えられない。

大本営陸軍部は、すでに南方進攻の第一段作戦の終了以前の四二年二月二日に、大陸命第五百九十六号で、ニューギニアとソロモン群島要地の攻略を命じ、この作戦についての陸海軍中央協定で、ニューギニアのラエ、サラモアとともに、ソロモン群島のガダルカナル島対岸のツラギが具体的な攻略目標であることを示している(4)。そして五月初旬には、海軍第四艦隊と、陸軍南海支隊によるツラギ、ポートモレスビー(略称モレスビー)攻略を目指すMO作戦を発動したのである。この作戦は米機動部隊の反撃で珊瑚海海戦を引き起こし、モレスビー海路攻略は失敗したが、ツラギは海軍によって占領された。海軍は七月にこの方面を担当する第八艦隊を編成し、その第八根拠地隊の一部がツラギを警備し、ここには第二十五航空戦隊の一部の飛行艇も進出していた。またその対岸のガダルカナル島には、七月中旬から設営隊二つを派遣して飛行場を造成しつつあり、その完成寸前に米軍が上陸したのである。だからガダルカナルを陸軍側が全然知らなかったはずはない。

米軍の上陸を知った大本営では、直ちにその奪回を決意し、八月一二日にそれに関する陸海軍中央協定を結んだ(5)。陸軍はモレスビーに向かうはずだった第十七軍をその作戦に当てることとしたが、とりあえず急行させる兵力としては、ミッドウェー作戦用の陸軍部隊で、その中止後グアム島に待機していた一木支隊を当てることにした。ところが一木支隊を急速に派遣するため、輸送船によらず、支隊長一木清直大佐以下一〇〇〇名の先遣隊を駆逐艦六隻に分乗させて急行させたのである。もともと軽装備の一木支隊先遣隊は、駆逐

付図第１　ガダルカナル島全般図

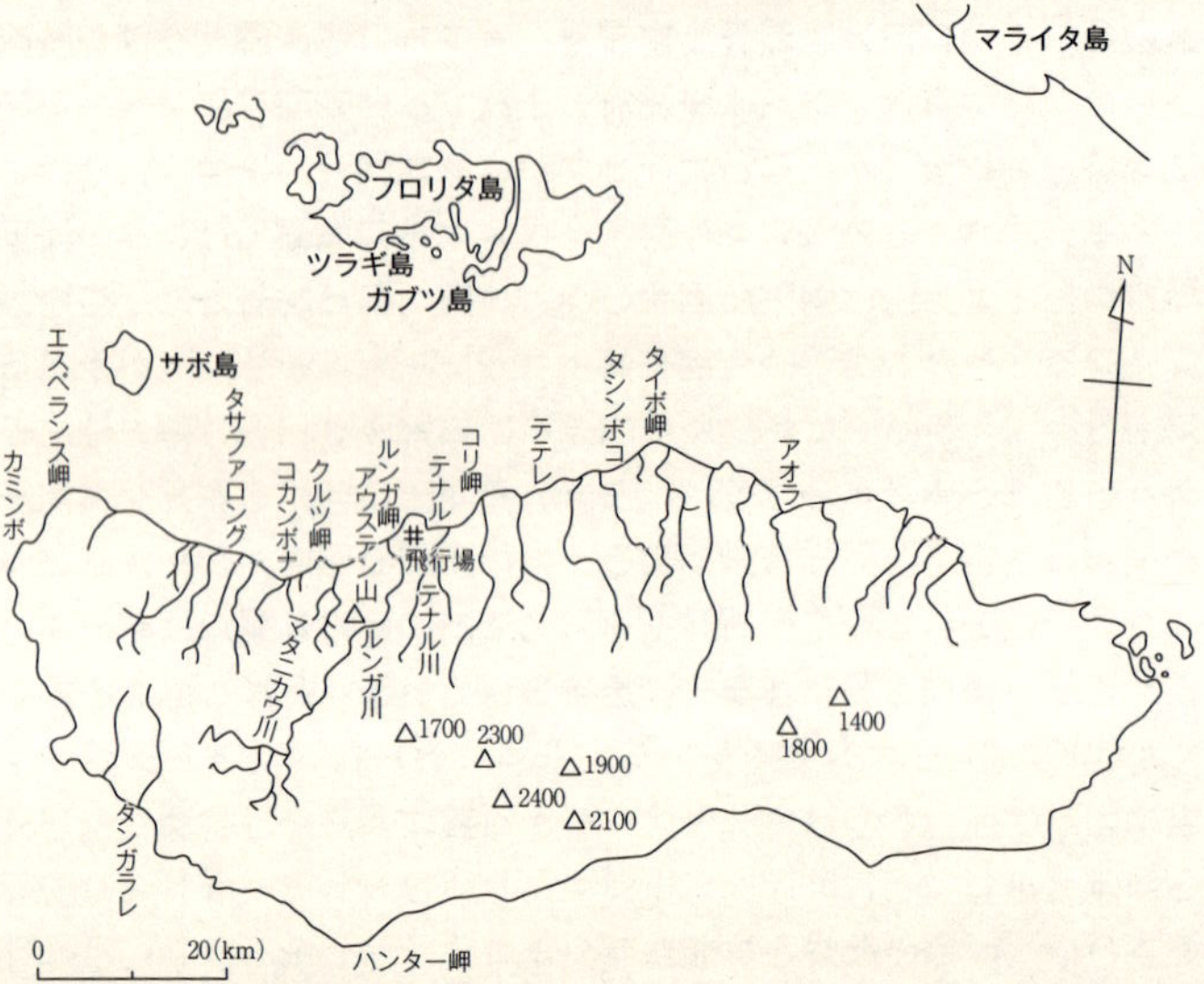

『戦史叢書・南太平洋陸軍作戦〈1〉』212頁。

艦輸送のため重火器は持てず、糧食七日分だけを携行していた。一木大佐は白兵突撃で飛行場を奪回するつもりで、八月一八日夜ガダルカナル島タイボ岬に上陸し、八月二〇日、米軍陣地に突入したが、戦車や砲兵を持つ米軍に反撃され全滅してしまった。

一木支隊先遣隊の攻撃失敗後、一木支隊第二梯団や海軍陸戦隊の輸送は米軍機の妨害で失敗した。だが大本営はあくまでもガダルカナル島奪回の意向を変えず、パラオの川口支隊（歩兵第三十五旅団長の指揮する歩兵第百二十四聯隊を基幹とする部隊）につづいて、ジャワから第二師団を第十七軍に増加した。そして八月三一日、ガダルカナル、ツラギの奪回を目指す、東部ニューギニア、ソロモン作戦に関する陸海軍中央協定を発令した。

ところがたびたびの船団輸送の失敗から、第十七軍は「陸軍トシテハ海上輸送ニ成功セサレハ施スニ策ナク海上輸送ノ成否ハ一ニ航空兵力ノ如何ニ存シ現在敵航空母艦ハ近ク「ガ」島東方水域ニアルニ反シ我カ航空母艦ハ戦闘機三〇「ブカ」島に増援シテ基地航空ニ協力スルノミ」という状況から、「軍ハ第二ノ策ヲ講セサルヘカラス」として、ガダルカナル放棄論を大本営に報告した(6)。

一木支隊の攻撃失敗後、支隊の残部と川口支隊のガダルカナル島（以後ガ島）への船団輸送は、米軍機の妨害で失敗し、その後は「鼠輸送」（駆逐艦による輸送）に移らざるを得なかった。辛うじてガ島にたどりついた川口支隊は、九月一二日、一三日に第一次の総攻撃を行って飛行場を攻撃したが、米軍の強力な砲爆撃を受け、携行食糧も尽きたため失敗した。

大本営はなお奪回作戦をあきらめず、第十七軍司令部と第二師団主力を一〇月上旬ガ島に進出させ、一〇月二四、二五日に第二次の飛行場攻撃を行ったが、これも第一次と同じように失敗した。それでも奪回の方針は変えず、一一月中旬にはさらに第三十八師団主力をガ島に送った。こうした兵力輸送のたびごとに、輸送に当たる駆逐艦も、これを援護する海軍の航空兵力も艦艇も大きな損害を受け、とどまることのない消耗戦の様相が深まった。

一一月下旬、大本営はラバウルに第八方面軍を新設して今村中将（後に大将）を司令官とし、第十七軍と、ニューギニアに新設した第十八軍とを指揮させた。そして第十七軍はガ島作戦に専念させることにした。その上でガ島の奪回をはかろうとしたのだが、ガ島の陸上部隊の状況は悲惨であった。増援兵力を送るのさえ困難をきわめたのだから、補給物資を送る余裕はなく、駆逐艦が米などの補給品をドラム缶やゴム袋に入れて海岸近くに投棄したり、潜水艦で同じような方法をとったりして、辛うじてわずかの補給をしているだけとなった。それでも大本営はガ島作戦を打ち切るという決断を下すことができず、まして前線の陸海軍の指揮官が作戦中止をいい出すこともできず、ずるずるとガ島の戦いが継続した。この間の海空の大消耗戦で生じた、軍艦、飛行機、輸送船の莫大な損害は、取り返しのつかない戦力の喪失となった。

大本営がこのような状況を直視して、ガ島からの撤退を決めたのは、やっと四二年一二月三一日になってからであった。この日、大本営の御前会議で、一月下旬から二月上旬にかけて在ガ島部隊の撤収を行うことを決めた。撤収作戦そのものは、米軍に察知されずに成功した。しかし救出された一万の兵力は、栄養失調で体力を失い、だれもが餓死寸前の状態だったのである。

このガ島敗戦の責任は、まったく大本営の作戦にある。準備万端を整えて上陸してきた兵力も装備も優秀な米軍にたいして、何の情報収集もせずに、わずか一〇〇〇名の一木支隊先遣隊の銃剣突撃で飛行場を奪回しようという、およそ戦理に反した無茶な攻撃を実行させたこと、その後も川口支隊、第二師団、第十七軍と兵力の逐次使用をつづけて、同じ失敗をくりかえしたこと、いずれも初歩的な戦術の誤りである。一木支隊先遣隊が、米軍の優勢な火力に阻まれ、戦車に蹂躙《じゅうりん》されて、一瞬にして全滅したのに、何回でも同じ戦法をくりかえしたのである。

制海・制空権を失っているので、鼠輸送にしか頼れず、重火器が運べないので白兵突撃という戦法しか採れない。白兵だけでは優秀な火力装備に勝てないことは明らかなのに、「装備軽視という亡国的怠慢をもたらした」(7)のである。

装備が運べないくらいだから、食糧も運べない。しかし人間は食糧がなければ生きていけないのである。大本営の作戦当局者たちは、送り出した部隊の食糧の補給を一体どう考えていたのだろうか。そもそもミッドウェー作戦にしても、占領後の補給という点からみれば成功は困難だったといえるが、ガ島の奪回など、補給の面からみれば絶対不可能の作戦だったのである。

(2) 餓島の実情

南太平洋方面の日本軍の戦略基地ラバウルとガダルカナルとの間は一一〇〇キロも離れている。制海制空権を米軍に奪われ、補給の困難なことが明白なのに、三万を超す陸軍の将兵が身一つでこの島に送りこまれたのである。上陸した兵士たちは、自分の背嚢《はいのう》に背負っていった米を食べ尽くした後は、食糧の補給を受けられなかった。しかも全島が密林に覆われ、住民の少ないこの島では、現地で食糧を得ることもきわめて難しかった。空腹に耐えかね、野生の植物を食べて下痢を起こしたり、有毒植物に当たる場合も多かった(8)。栄養失調で体力が衰えているため、赤痢やマラリア、その他の風土病への抵抗力もなくなり、次々と斃《たお》れていったのである。

降伏を許されず、死ぬまで戦うことを義務づけられた日本軍が、戦うための体力を失って、原始林の中で次々と餓死していったのである。その状況を辛うじて生き残った一人の青年将校は、次のように書いている。

一二月二七日（一九四二年）

今朝もまた数名が昇天する。ゴロゴロ転がっている屍体に蠅がぶんぶんたかっている。どうやら俺たちは人間の肉体の限界まできたらしい。

生き残ったものは全員顔が土色で、頭の毛は赤子の産毛のように薄くぼやぼやになってきた。黒髪が、ウブ毛にいつ変ったのだろう。体内にはもうウブ毛しか生える力が、養分がなくなったらしい。髪の毛が、ボーボーと生え……などという小説を読んだこともあるが、この体力では髪の毛が生える力もないらしい。やせる型の人間は骨までやせ、肥える型の人間はブヨブヨにふくらむだけ。歯でさえも金冠や充塡物が外れてしまったのを見ると、ボロボロに腐ってきたらしい。歯も生きていることを初めて知った。

この頃アウステン山に不思議な生命判断が流行り出した。限界に近づいた肉体の生命の日数を、統計の結果から、次のようにわけたのである。この非科学的であり、非人道的である生命判断は決して外れなかった。

立つことの出来る人間は……寿命三〇日間
身体を起して坐れる人間は……三週間
寝たきり起きられない人間は……一週間
寝たまま小便をするものは……三日間

もの言わなくなったものは……二日間
またたきしなくなったものは……明日(9)

このように、ガ島での第一線部隊の食糧欠乏がもたらした凄惨な状況が描かれている。こうした状況に陥っている第十七軍にたいしても、大本営は一一月一六日、ガ島において持久戦をせよと命令した。この命令に接したときのことを、第十七軍参謀長小沼治夫少将は次のように書いている。

輸送、補給が続く状況に於ては持久戦が成立するが、輸送補給が杜絶し第一線将兵が飢え杖をついて辛うじて歩行して居る「ガダルカナル」の第十七軍が持久任務を受けて何時迄持久し得るやの回答は単に「敵の大攻勢を受ける迄持久し得」といふに止まる。予が大本営から持久任務を受領して感じたことは「敵をして大攻勢をとらしめないように陣地特に「アウステン」山方面の陣地を強化しつつ進んで欺瞞、陽動及局部的積極行動を採り絶えず敵に危惧、圧迫感を懐《いだ》かせる」ことの必要であった。

（中略）

第一線陣地の守兵中歩行に堪えない傷病者は陣地の守備に任じ（壕内に寝て居り敵が近づいて来ると起き上って射撃し又は手榴弾を投ずる）。杖に倚って歩行し得る者は後方の糧秣《りょうまつ》運搬及炊事を担任し比較的元気の者は或は挺進斥候となり（出発の数日前から飯の配給量を増加し元気を回復させて出した）敵陣深く潜入して後方攪乱を行わせ或は夜間敵陣地又は哨所を奇襲して偉功を樹てる等上下一致、戦友相励まし終始積極的（局部的なるも）に行動し敵の大攻勢を遅らせるに役立った。(10)

こんな寝たきり状態の兵士を抱えて、ガ島の持久戦が戦われていたのである。

防衛庁の公刊戦史が、各種資料から推計した数によると、陸軍のガダルカナル島に上陸した人員は三万一四〇〇名、そのうち、途中病気などで離島した者七四〇名、撤収作戦で九八〇〇名が収容されたので、二万八六〇〇名が失われたことになる。このうち、純戦死が五〇〇〇名から六〇〇〇名で、残り一万五〇〇〇名前後が栄養失調症、マラリア、下痢、脚気などによるものとされている。(11)つまり純然たる戦死者の三倍、あるいはそれ以上が広義の餓死者だったのである。いかにこの島での日本軍の状況が悲惨なものであったかは明らかである。

(3) ガダルカナル戦が示したもの

この戦いは、補給をまったく無視して陸軍部隊を送りこみ、戦死者の三倍もの餓死者を出すという悲惨な結果を迎えたもので、まさに太平洋戦争の全局面を象徴するような戦闘となった。

戦死者の何倍もの餓死者を出すというこの戦闘で、何よりも問題なのは、補給が困難なのがわかっているのに作戦の強行を命じた大本営の作戦当局者の責任である。ガダルカナルへの米軍の上陸を知って、大本営がまず奪回のため派遣を命じたのは、グアム島に待機中の一木支隊であった。一木支隊は、六月のミッドウェー作戦に陸軍から参加した唯一の部隊で、ミッドウェー島の攻略と、攻略後の守備を担当するはずだった。だがもし仮にミッドウェーに上陸できたとしても、この兵力でミッドウェーの確保ができただろうか。

聯合艦隊がミッドウェー作戦を計画したとき、はじめは大本営海軍部が強硬に反対した。その反対理由の一つは、たとえ攻略はできたとしても、占領後の防備や補給輸送が難しいということだった。[12]陸軍部もはじめは反対で、補給が難しかろうというのがその理由であった。しかし海軍主体の作戦なので、陸軍はわずか歩兵一大隊主体の一木支隊を派遣したのである。一木支隊の兵力は歩兵第二十八聯隊長一木清直大佐の指揮する歩兵一大隊を基幹とする約三〇〇〇名であった。

支隊長の一木大佐は、盧溝橋事件を起こした支那駐屯歩兵第一聯隊の第三大隊長で、歩兵学校の教官を再度務めた歩兵戦闘の権威でもあり、銃剣突撃の信奉者であった。ミッドウェー戦のときも、飛行場占領までは銃剣突撃により、射撃を禁ずると指示していた。大本営の作戦担当者は、この白兵第一主義を信頼し、ガダルカナル奪回の期待をかけるという時代錯誤の戦法をとったのである。

制空権がないため輸送船での陸兵の派遣はできず、一木支隊は駆逐艦六隻でガ島に送られた。対戦車用の速射砲など、重い火砲は運ぶことができず、聯隊長以下九一六名の先遣隊が、タイボ岬に上陸したのは、米軍上陸後一〇日以上経った八月一八日で、八月二〇日夜テナル河畔の米軍陣地を攻撃したが、重火器や戦車をそろえて待ちかまえた米軍にかなうはずはなかった。半日の戦いで全滅し、聯隊長は軍旗を焼いて自決した。兵力の圧倒的な差はもちろん、銃剣突撃で米軍の弾幕に対抗できるはずはなかったのである。また一木支隊の場合、米軍の弾幕の中に銃剣で突撃して、大部分が戦死したのだが、もし生き残ったとしても、補給がないのだから待っている運命は餓死だったのである。

一木支隊の攻撃失敗後大本営は、同じように川口支隊、第二師団、第十七軍と、兵力の逐次投入をくりかえした。制空権がないため輸送船が使えず、もっぱら鼠輸送や蟻輸送に頼った。鼠輸送というのは、本来戦闘用の艦艇であった高速の駆逐艦を使う輸送のことで、蟻輸送というのは小型の発動艇を使い、昼間は島の陰に隠れて、夜間に少しずつ行う輸送のことである。どちらも兵員や小火器を運ぶのがやっとで、重い大砲や戦車を運ぶことはできない。兵員を送りこむのがやっとなのだから、それを支える補給品、弾薬や糧食を運ぶことなどとても無理だったのである。

そのようなところに陸軍兵力を次々に送りこんだということは、圧倒的に優勢な米軍の火力装備に銃剣で勝てるという妄想を抱いていたからであろう。それにとどまらず、送りこんだ兵力への補給を無視していたことは、精神力で飢餓を克服できると本気で考えていたのだろうか。

補給無視という重大欠陥のほかにも、この戦いはその後の対米軍戦を象徴するような結末を導き出していた。それは歩兵の白兵突撃では、米軍の自動小銃と機関銃の圧倒的な弾幕になぎ倒されるだけだということである。火力の差があまりにも大きいので、日本軍はもっぱら夜襲で敵陣に突入しようとした。しかし陣前の鉄条網に阻まれたところを、かねて標定してある火力を集中されて、突撃する前に全滅してしまったのである。歩兵の白兵突撃は優勢な米軍の火力に通用しないということをみせつけられたのに、同じことを敗戦までくりかえしていったのである。

(4) ガダルカナル以後のソロモン群島

ガダルカナル撤退後のソロモン群島方面の状況は、ガ島の教訓を何も生かせず、補給困難な離島に兵力を送りこんで、飢餓の悲劇をくりかえすばかりであった。

ガダルカナル撤退にさいして、ラバウルの第八方面軍は、新来の第六師団を北部ソロモンのブーゲンビル島に送り、第十七軍の収容と同島の警備に当たらせた。また従来から少数の陸軍部隊を配備してあった中部ソロモンのニュージョージア島のムンダやサンタイサベル島のレガタなどには、新たに海軍陸戦隊を増強した。また陸軍も、この方面の諸部隊を統轄するために、新たに南東支隊を編成した。

一九四三年二月、ガダルカナル島撤退直後の中北部ソロモン群島の防衛配備は、次のようになっていた。中部ソロモンは海軍の第八艦隊の担当とし、陸軍の南東支隊を指揮下に入れ、ニュージョージア島のムンダ飛行場を中心とする地区を重点に、同島に附属するレンドバ島やコロンバンガラ島にも兵力を配備していた。北部ソロモンは陸軍の第十七軍の担当とし、第六師団を主兵力として、ブーゲンビル島のブイン附近や附属のショートランド島に兵力を配備していた。しかしソロモン群島方面の制空権はすでに米軍の手中にあり、これらの島への補給輸送は困難をきわめ、ガダルカナル島の二の舞となることは必至であった。

米軍の中部ソロモンへの攻撃は、ガダルカナル撤退から四カ月後の四三年六月三〇日に始まった。この日に米軍はムンダ対岸のレンドバ島に上陸し、ここに地歩を固めた上で、七月五日にムンダ東方のニュージョージア本島に上陸した。第八艦隊の陸戦隊と南東支隊は、圧倒的な艦砲射撃と空爆の下で陣地を支えることができず、ムンダの飛行場を奪われた。残存部隊は本島西岸沖のコロンバンガラ島に撤退した。しかし米軍はこれを無視して、

付図第２　ソロモン諸島要図

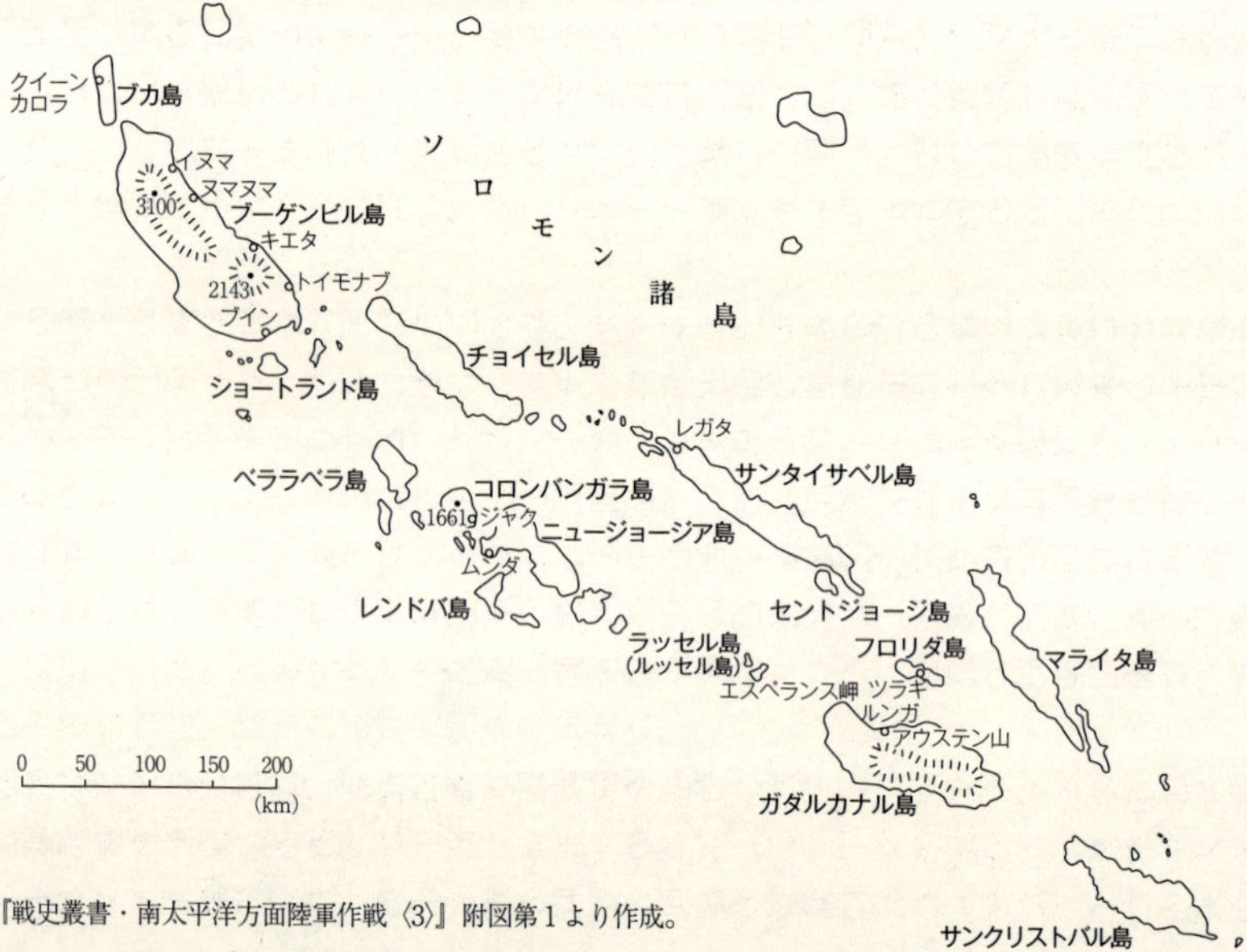

『戦史叢書・南太平洋方面陸軍作戦〈3〉』附図第１より作成。

八月一五日にコロンバンガラ島よりさらに北方のベララベラ島に上陸した。このためコロンバンガラ島の南東支隊と海軍部隊は、まったく敵中に取り残されて、餓死を待つばかりの状態となった。

こうした状態に陥ったので、大本営は八月中旬に中部ソロモンからの撤退を決意した。撤退作戦は九月末から一〇月はじめにかけて行われ、一万二〇〇〇のコロンバンガラ島の陸海軍兵力を船舶輸送でブーゲンビル島に撤退させた。ただし、とにかくも残存兵力を餓死させずに撤退させたのは、ガダルカナルとこのコロンバンガラ島だけで、その後の各戦線では、撤退させることもできずに置きざりにすることになるのである。

北部ソロモンの主島ブーゲンビル島には、こうして各方面から撤退してきた部隊や後方部隊が集まっていたが、戦力となるのは第六師団と、新たに増強された第十七師団の一部とであった。米軍は四三年一〇月二七日、まずブイン沖の小島モノ島に上陸し、一一月一日ブーゲンビル島西海岸中部のタロキナ岬に上陸した。タロキナ岬への上陸は、日本軍側では予想していなかった。

ブーゲンビル島はラバウル防衛のための要点である。海軍は聯合艦隊航空兵力の主力をあげて、タロキナへの反撃作戦を行った。海軍はこのブーゲンビル島沖航空戦で、戦艦四隻、航空母艦五隻、巡洋艦一〇隻撃沈などの大戦果をあげたと発表したが、これはまったくの虚報であった。第十七軍は第八方面軍の命令でジャングルを踏破してタロキナ岬への反撃を行ったが、圧倒的な火力の差で反撃に失敗した。米軍もタロキナの橋頭堡《きょうとうほ》と飛行場を確保した後は日本軍を深追いせず、次の作戦に移っていった。

北部ソロモン群島の戦いがつづいている間に、中部太平洋方面での米海軍の攻撃が進展していた。四三年一一月ギルバート諸島のマキン、タラワ両島に米軍が上陸し、海軍の守備隊は全滅した。四四年二月はじめにはマーシャル群島のクェゼリン、ルオット両島に上陸、陸海軍の守備隊が全滅した。いずれも「玉砕」と発表された。二月一七日海軍の大根拠地トラック島が空襲を受け、大被害を被った。海軍は聯合艦隊の艦艇も航空兵力もこの方面から撤退させた。

四四年一月早々にニューギニアとニューブリテン島のダンピール海峡を米濠軍に突破され、さらに二月末にはニューブリテン島はるか北方のアドミラルティー諸島を占領されたので、ラバウルは完全に敵中に孤立することになった。この段階で、ブーゲンビル島の第十七軍はもちろん、ラバウルの第八方面軍、南東方面艦隊も、戦略的価値を完全に失ってしまったのである。

このような状況下で、ブーゲンビル島の日本軍は、まったく存在意義を失ってしまった。しかし第八方面軍司令官今村均大将は、「坐して餓死せんよりは戦って最後を全うす」という信念で、自らブーゲンビル島に赴いて第十七軍に攻撃を命じた。第十七軍司令官神田正種中将もこれに従って、四四年三月第六師団の主力と増援の第十七師団の一部の兵力で、タロキナの米軍陣地を攻撃した。しかし圧倒的な米軍の火力に阻止され、この攻撃も失敗し、戦力をまったく喪失した。以後はブーゲンビル島の第十七軍約三万二〇〇〇、第八艦隊約二万、計五万余の陸海軍将兵は飢餓と戦いつつ敗戦を迎えることになるのである。

タロキナ作戦失敗後の第十七軍の状況は、第十七軍残務整理部が作成した「ブーゲンビル島の作戦」に、次のように述べられている。

「タロキナ」攻略作戦は全力を傾けて行はれた。残余の軍需品も戦力を培養する為無制限に使用されたのは当然である。そこでこの作戦が失敗に帰したときには食ふべき何物も残って居らなかった。甚大なる損害を受け辛じて生き帰ったものでも体力が著しく消耗しているのに之を恢復する何物もなかった。そして銃を捨てると鍬をとった。作戦間に荒れ果てた耕地はもとより密林を伐開して開墾につとめた。その間補給したものは第六師団の例をとれば四月米一〇〇瓦《グラム》、五月六〇瓦《グラム》、六月以降は皆無で他は一切現地物資を利用するより仕方がなかった。土民の所有しているものが多くあらう筈がないのに之も半ば強制的に徴発するものも出て来た。木の芽、草の根、食べられるものはすべて食した。海の魚はとりたくても敵機が絶えず哨戒するし爆薬は将来の作戦を考へればこんなことに供用は出来なかった。小川の魚はすぐとり尽された。蛋白質の給源は「トカゲ」であり蛇であり鼠、「バッタ」の類に及ばざるを得なかった。調味料として塩を夜間海水を煮て作った。

以上のような給養状態であるから負傷したもの、傷はなかなか癒らないし病後の恢復はむつかしく、「マラリア」の蔓延は之を助長した。かくの如くして「タロキナ」作戦にもまさる兵力の損耗を来した。卒直に云ふならば死ぬ前に一度、たった一度だけで良いから腹一杯食べたいと思ったのは強ち《あなが》死んでいった戦友だけではなかった。(13)

戦線がすでに北太平洋に移行したので、連合軍側は無力な日本軍にたいし強攻を加えることもなくなり、第十七軍はもっぱら飢えと戦いながら、おびただしい犠牲者を出して敗戦を迎えることになる。

同じようにタロキナ作戦失敗後の第六師団が現地自活に移ってからの状況の例として『戦史叢書』は、第六歩兵団司令部の木下西舟少佐の次のような回想を掲げている。

タロキナ作戦終了後の歩兵大隊の兵力は二〇〇~三〇〇名であったと思うが、マラリアと栄養失調で悲惨な状況であった。糧食の補給は間もなく全くなくなった。現地自活に着手し、一人一畝《せ》を耕作して、これによって一日約一瓩《キログラム》の芋を収穫することにしたが、収穫までには約三カ月かかるので、この間毎日ジャングルの中の野草を捜した。ひどい時には飯盒《はんごう》の蓋一杯の野草が食糧で、これに時に澱粉椰子の団子が加わる程度であった。塩は海岸で作った。ようやく芋が出来始めると、今度は畑を荒す者が出た。畑を荒す者は銃殺であった。人肉を食べた者があるなどという話もあった。(14)

タロキナ作戦終了後四万余あった兵力は、方面軍の報告によれば、四五年一二月一〇日には二万三〇五三名に減少している。「大部分このような事情に基づく戦病死であると推定される」と書かれている。(15)

四四年の六月から七月にかけて、大本営の命令でブーゲンビル島の第十七軍の部隊の多くが解隊、再編され、第六師団と新編の独立混成第三十八旅団となった。一方同年九月ごろから、タロキナ橋頭堡の米軍が他に転進し、濠軍第三師団が交代した。以後一年間は、日濠両軍の間で何回かの戦闘があったが、基本的には持久戦の状態がつづいた。この間日本軍にとって最大の問題は飢餓であった。

九七年七月一二日にＮＨＫ教育テレビは、「封印――脱走者たちの終戦」を放映した。(16)その内容は、ブーゲンビル島の第六師団のすさまじい飢餓の状況の生々しい証言であるが、その中で食糧を求めて離隊し、終戦後に戻った兵を逃亡兵として、軍法会議にもかけずに銃殺したというもので、終戦後一六日もたってから三〇人もが処刑されたとしていた。

ブーゲンビル島の場合、飢餓状況の中にありながらもきびしい軍紀を要求し、第十七軍軍法会議は戦後になってからも活動をつづけた。食糧を求めて隊を離れた兵士を「敵前逃亡」の罪名で厳罰に処している。(17) この第六師団の場合は、軍の軍法会議にもかけずに不法に銃殺したという事例である。餓死寸前という極限状況の中で、軍紀の維持のために、いかに非人間的な強制が行われていたかが示されている。

(5) 孤立したラバウル

南東方面の日本軍のもっとも重要な戦略拠点であるラバウルには、陸軍の第八方面軍司令部、海軍の南東方面艦隊司令部が置かれていた。ところが前述のように一九四四年一月にニューギニアとニューブリテン島の間のダンピール海峡を連合軍に突破され、同年二月聯合艦隊の根拠地トラック島が無力化することで、ラバウルの戦略的価値は失われてしまった。海軍はラバウルから航空兵力を引き揚げ、ラバウルとその周辺は、完全に敵の背後に孤立する状態となったのである。

四四年六月にはサイパン陥落、同一〇月にはレイテ上陸が行われ、ラバウルの孤立無援はさらに決定的となった。この時点でラバウルのあるニューブリテン島には陸軍六万五〇〇〇、海軍三万、ブーゲンビル島には一万五〇〇〇、合計一一万人の陸海兵力が存在していた。連合軍側は、もはや飛行機も軍艦もないこの島の日本軍は、何の脅威でもなかったので、無駄な攻撃を避け、その自滅を待つ方針をとった。日本軍にとって飢餓との戦いがすべてとなったのである。

ラバウル周辺地域の場合は、ニューギニアなどとは違って、空襲以外には戦闘がなく、部隊はもっぱら現地自活に努力することで、比較的多くの人数が餓死を免れて敗戦を迎えることができた例外的な事例となった。そのことについて第八方面軍経理部長森田親三主計中将の講演では次のように述べている。(18)

第八方面軍が編成され、司令部がラバウルに上陸してから三週間目の四二年一二月二一日、今村均方面軍司令官は軍医部長と経理部長を呼んで、「ガダルカナルの状況から判断すると、ニューブリテン島の日本軍もやがて孤立するかもしれない。最悪の事態に備えて、この方面の陸海軍および居留民約一〇万人が補給なしで現地自活できるように研究、準備せよ」と命じたという。そこで主食を陸稲《おかぼ》と甘藷、副食は養鶏、養豚と野菜栽培、調味料は海水からの製塩を計画した。そして開墾による農場経営、内地からの農事指導員、労働者、種子、農具の追送をはかった。計画は現地の状況により主食にはタピオカ、トウモロコシを加えるなどの変更があった。二年後の四四年一一月二日、経理部長は軍司令官に、糧食の自給対策について復命して、軍は今後食糧に関しては長期にわたる現地自活が可能となったと報告したという。

ラバウルを中心とするニューブリテン島で、補給が絶えてからの二年間、現地自活が可能となったのは特別な事情があった。この地域がニューギニアやブーゲンビル島のように直接の戦場とならず、部隊は定着して農耕に従事できたのである。また中部太平洋の離島と違って、土地も肥沃で森田部長の言葉では、陸稲は年二回、甘藷は三回、タピオカは八カ月、トウモロコシは八〇日で実ったという。

食糧は何とか自給できても、栄養の偏りは避けられず、将兵の体力は低下した。さらに補給の途絶によりもっとも影響を受けたのは、薬品の不足であった。ラバウル籠城部隊の最大の困難はマラリアとの戦いだったのである。四四年九月ごろよりはマラリア剤がなくなって、全部隊の人員の九五％がマラリア経験者であったという。(19)

〔注〕

(1) 今村均『私記・一軍人六十年の哀歓』、芙蓉書房、一九七一年、四一三頁。
(2) 同前書、四一六頁。
(3) 服部卓四郎『大東亜戦争全史2』、鱒書房、一九五三年、一八三頁。
(4) 防衛庁防衛研修所戦史室『戦史叢書・南太平洋陸軍作戦〈1〉』、朝雲新聞社、一九六八年(以下『戦史叢書』は編者、発行所を省略)。
(5) 同前書。
(6) 小沼治夫陸軍少将「ガ島における第十七軍の作戦」(防衛庁防衛研究所附属図書館所蔵史料、以下防研史料と略称する)。
(7) 加登川幸太郎『陸軍の反省(上)』、文京出版、一九九六年、九二頁。

（8）　海軍薬剤大尉橋本庸平「ビスマルク諸島、食用有毒植物図説」昭二〇、四（防研史料）。
（9）　小尾靖夫「人間の限界――陣中日誌」（『実録太平洋戦争、第二巻』、中央公論社、一九六〇年）、二四九頁。
（10）　前掲、小沼治夫「ガ島における第十七軍の作戦」。
（11）　『戦史叢書・南太平洋陸軍作戦〈2〉』、一九七〇年、五六九～五七〇頁。
（12）　『戦史叢書・ミッドウェー海戦』、一九七一年、四二～四四頁。
（13）　第十七軍残務整理部「ブーゲンビル島の作戦」（防研史料）。
（14）　『戦史叢書・南太平洋陸軍作戦〈5〉』、一九七五年、二二七頁。
（15）　同前書、二二八頁。
（16）　「封印――脱走者たちの終戦」、熊本放送一九九六年一一月二九日放映の番組で、放送文化基金九七年度テレビドキュメンタリー部門優秀賞受賞作品、ＮＨＫ教育テレビ、一九九七年七月一二日に再放映。
（17）　吉田裕「戦後史の中の軍刑法」（『季刊戦争責任研究』二五号、一九九九年）。
（18）　森田親三「ラバウルにおける現地自活はいかに行われたか」、陸上自衛隊松戸修親会需品学校分会需品科記事発行部、一九六四年。
（19）　「ラバウル籠城の実際」（前掲『戦史叢書・南太平洋陸軍作戦〈5〉』）。

2　ポートモレスビー攻略戦

(1)　無謀な陸路進攻計画

補給無視または軽視の作戦の例として、ガダルカナル戦とほぼ同じ時期に実行されたポートモレスビー攻略作戦を挙げることができる。ガダルカナルの戦いが、米軍の上陸によって生じた受動的な作戦であったのにたいして、これは日本陸軍が主体的に計画して実行した作戦である。つまり作戦地の地誌も、後方補給の方法も、十分に検討した上で立てられた計画だったはずなのである。それなのに実際は補給皆無の飢餓地獄が発生した。

ニューギニア東南岸のポートモレスビー（略称モレスビー）は、英領ニューギニアの首都であり、オーストラリアにとって防衛上の重要拠点であった。日本軍が第一段の南方攻略作戦につづいて計画した南太平洋での米濠遮断作戦（FS作戦）においても、最初の攻略目標となった要地であった。すでに大本営は一九四二年一月第四艦隊と南海支隊にたいし、ラバウル攻略に引きつづいて、「なし得ればモレスビーを攻略」することを命令していた。

四二年五月はじめ、第四艦隊と南海支隊は、モレスビーを海路から攻略しようとする「MO」攻略作戦を開始した。この作戦は、日米両機動部隊の間の最初の航空戦である五月八日の珊瑚海海戦を引き起こし、この結果海路攻略は延期された。その後五月一八日に大本営は、ニューカレドニア、フィジー、サモア群島の要地とモレスビーを攻略するFS作戦要領を決定し、この作戦のため第十七軍を編成した。ところが六月五日、ミッドウェー海戦で海軍の主力航空母艦四隻を失った。このため南太平洋はるかに広がる構想を持ったFS作戦自体が中止されることになった。

第十七軍は、ラバウルにいた南海支隊、フィリピンにいた歩兵第三十五旅団（歩兵第百二十四聯隊、後に川口支隊となる）、ジャワにいた青葉支隊（歩兵第二旅団長の指揮する歩兵第四聯隊）、それに歩兵第四十一聯隊（第五師団隷下から、河村支隊としてミンダナオ島攻略作戦に参加し、さらに東支隊として第十七軍に加えられ、ダバオに待機中）の四つの支隊、実質的には歩兵四個聯隊を主体とする兵力であった。南海支隊はニューカレドニア、川口支隊は軍主力となってフィジー、東支隊はサモア、青葉支隊はポートモレスビーに指向される予定で、これに先立ち海軍の機動部隊が、オーストラリア東方海域に行動するように計画されていた。以上四支隊を隷下に持つ第十七軍司令部は六月六日東京を出発、福岡で足止めされて、ミッドウェー海戦の結果によるFS作戦中止を知らされたのであった。

FS作戦は中止されたが、大本営はモレスビー攻略をあきらめたわけではなく、六月一二日の大陸指で第十七軍にたいし、ニューギニア北岸から陸路でモレスビーを攻略する作戦についての研究を命じた(この研究を「リ号研究」と称した)。この指示を伝えた大本営参謀の竹田宮恒徳王少佐は、第十七軍の参謀にたいし、英人探検隊の記録を示して、モレスビーに至る道路があることを伝えたという。(1)ニューギニア北岸のブナ附近からモレスビーに至る間には、標高四〇七三メートルのビクトリア山を主峰とするオーエン・スタンレー(以下スタンレー)山脈が横たわっている。その他の土地の大部分は熱帯性の密林であり、人口は稀薄で道路はほとんどない。ここを大部隊で踏破することが容易でないのはだれがみても明らかであろう。だがFS作戦のために編成され、張り切って東京を出発してミンダナオ島にいた第十七軍司令部は、海路攻略が無理なら陸路から進攻しようとする強い意欲を持っており、大本営陸軍部も同様であった。

六月三〇日、第十七軍司令官百武晴吉中将は、南海支隊長堀井富太郎少将をラバウルからダバオに招致した。南海支隊側は従来の調査に基づいて、陸路進攻はきわめて困難で、ほとんど不可能だという意見を述べた。その理由は、南海支隊側の説明では次のようになっていた。(2)ブナからモレスビーまで図上距離二二〇キロメートル、実際距離は三六〇キロメートルと考えられる。自動車道がなければ、補給は人力担送によらなければならない。兵員一人が背負って運搬し得る主食の量は二五キログラム、一日平均担送距離は山道なので二〇キロメートルとして、担送者自身が消費する量を差し引いて計算すると、第一線の給養人員五〇〇〇人、一日の主食量六〇〇グラムとすれば、第一線がモレスビーに推進された場合、実に三万二〇〇〇人の担送者が必要ということになり、実際問題として陸路進攻は不可能というのである。ところがこの第一線部隊の意見は、司令部からは消極的すぎるとみられ、無視されたのである。

大本営はミッドウェーの敗戦後の情勢を検討した結果、FS作戦の中止を決定し、七月一一日は大陸命を発令して第十七軍のニューカレドニア、フィジー、サモア攻略の任務を解き、モレスビー攻略の任務のみを残した。だがこの大陸命では、攻略を陸路からするか海路からするかは示されてなく、それは「リ号研究」の結果に待つという態度に変わりがなかったのである。

ところが七月一五日、辻政信大本営陸軍参謀がこの大陸命伝達のためダバオに現れた。辻はこの大陸命交付後、次のような連絡を行った。

MO研究作戦とMO攻略の実行

東部「ニューギニア」方面の航空消耗戦を有利に遂行するために、MO攻略はなるべく速かなるを要し畏《かしこ》き辺りの御軫念《ごしんねん》亦大なり。茲《ここ》に於て大本営はMO研究作戦の結果を待たず大陸命第五八八号により第十七軍に之が攻略を命ぜられたるものなり。今や「リ」号は研究に非ずして実行となれり。軍はなるべく速かに之が攻略に着手せられたし。之が為には陸路及海路を併用し牛刀を用いて迅速なる成功を期せられたし。(3)

辻参謀は、大本営ではすでにモレスビーの陸路攻略が決定しているから、速やかに実行せよと伝えたのである。しかしこれは、ほかにもいくつもの例があるように完全に辻の独断であった。だが、もともと陸路進攻に傾いていた第十七軍は、これを大本営の意向と受けとった。そして積極的にその意向を実現することとし、百武軍司令官は、七月一八日にダバオでモレスビー陸路攻略の軍命令を下達した。道路偵察のためにすでにブナ附近に上陸している横山先遣隊（横山興助大佐の指揮する独立工兵第十五聯隊主力を基幹とする部隊）を加えた南海支隊に、ブナ附近に上陸しココダを経てモレスビーを攻略することを命令するものであった。

その後の七月二五日になって、大本営陸軍部の作戦課長服部大佐から、派遣中の辻中佐あての「第十七軍の「リ」号研究の結果を待ちある次第なり云々」という電報が第十七軍に着いた。(4) 陸路攻略命令が辻の独断専行であったことが暴露されたが、中央も第十七軍もこれをとり立てて問題とすることはなかった。

付図第3　ブナ―ココダ―ポートモレスビー道主要地名図

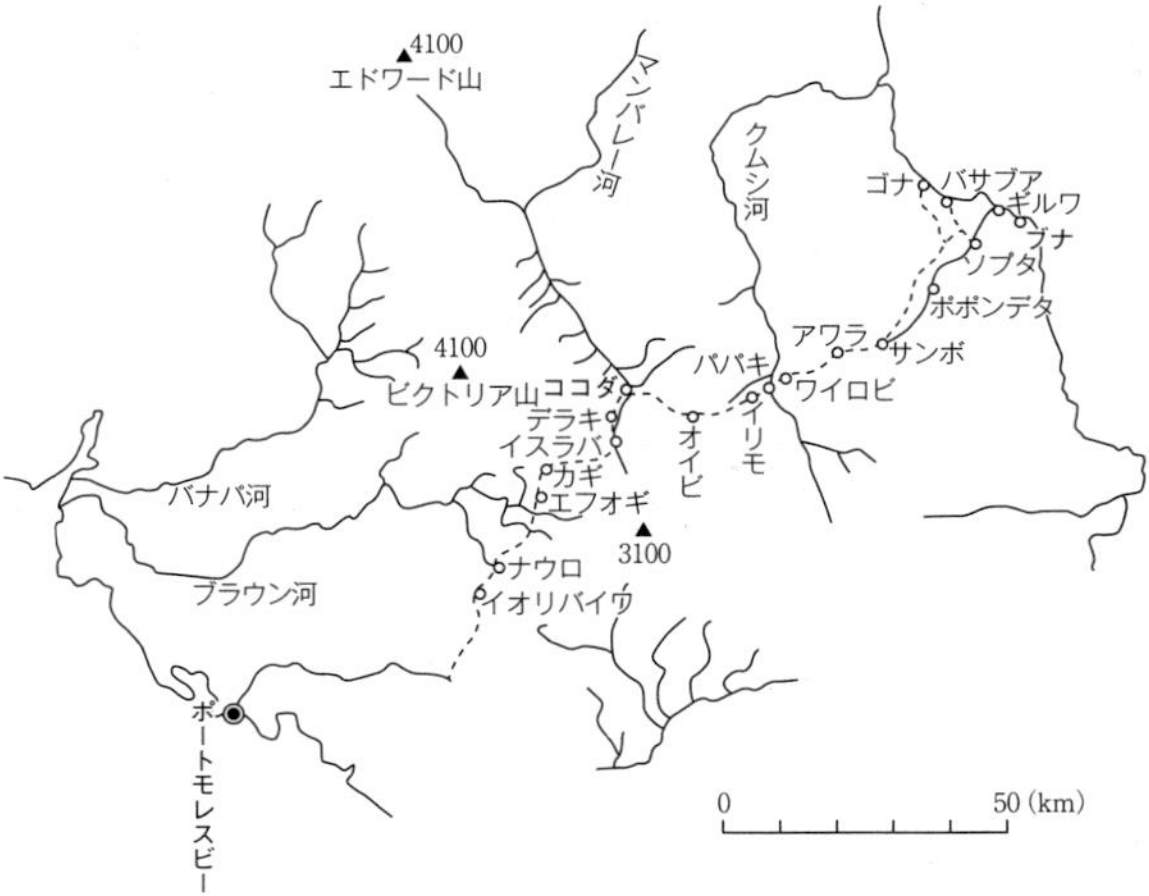

『戦史叢書・南太平洋陸軍作戦〈1〉』173頁。

なぜならそれは、辻の独断による陸路進攻作戦の強行に、大本営の作戦課長服部大佐までが同調したからである。当時作戦課の課員であった高山信武参謀の「大本営は辻参謀の独断を認めるのですか」という問いにたいして、服部作戦課長は次のように答えたという。

「自分もいろいろ考えた。ずい分と迷った。部長（田中作戦部長）からも、大本営の信用にかかわる問題だとご注意をうけた。しかし自分は部長に申し上げた。〝恐らく第十七軍の研究には相当の日数を要するのではないでしょうか。全般の情勢上、速戦即決を必要とする現況においては、即時決断あるのみという彼特有の主導積極精神が働いて、独断の挙に出たものと思われます。ニューギニア方面のことは、東京ではいかんとも判断がつきません。この際は辻の判断に委すよりほか致しかたがないと存じます。どうか彼の処置をお認め下さい〟となる。部長も納得された。辻のことだ。マレー作戦時代の彼の活躍を考えても、恐らく彼はこの作戦を成功させるであろう（5）」

こうして補給の目途がまったく立たないのにもかかわらず、また当の実行部隊が乗り気でないにもかかわらず、南海支隊を道のないジャングルを踏み分け、四〇〇〇メートルのスタンレー山脈を越えて、ポートモレスビーに向かって突進させるという無謀きわまりない作戦が開始されたのである。

(2) スタンレー山系越えの苦闘

こうして始まったポートモレスビー陸路攻略作戦は、当初からさまざまな困難に直面することになった。まず兵力をニューギニアに送りこむこと自体が、容易なことではなかったのである。

東部ニューギニアに日本軍が第一歩を踏み出したのは、ラバウル攻略から一カ月後の、一九四二年三月八日のラエとサラモアへの上陸であった。海軍の第四艦隊と陸軍の南海支隊の一部（歩兵一大隊と山砲一中隊）で、ニューギニア東北岸のそれぞれ小飛行場のあるラエとサラモアへ上陸し、飛行基地を設定しようとした。上陸は成功したが、二日後の三月一〇日両地は大型攻撃機と艦上機による大空襲を受けた。輸送船四隻沈没のほか、護衛の巡洋艦、駆逐艦も被害を被ったが、これは開戦いらいの最初の大きな損害であった。

次いで四二年五月七、八日、珊瑚海海戦が行われた結果、ポートモレスビーへの海路攻略が中止され、第十七軍は陸路攻略の準備をすすめるため、南海支隊にたいし横山先遣隊の派遣を命令した。横山先遣隊（独立工兵第十五聯隊長横山興助大佐の指揮する同聯隊と歩兵第百四十四聯隊の一大隊を基幹とする部隊）は、進路の偵察と道路構築のため、サラモア東南二〇〇キロメートル、モレスビーへの山越えの基点になるブナに、七月二一日に上陸した。この上陸地点にたいしても翌二二日に空襲があり、輸送船や護衛の駆逐艦が損害を受けた。

この時期すでにニューギニア東北海岸一帯は、ポートモレスビーやラビなどの飛行場を基地とする米濠空軍の制空権下にあり、日本軍の輸送の安全は確保できなくなっていたのである。制空権を失っていて、ブナまでの海上輸送さえおぼつかないのに、さらにその上陸点から二〇〇キロメートル近い密林を踏破し、途中の標高四〇〇〇メートル以上の山脈を越えていこうという作戦に、変更は加えられなかった。しかも横山先遣隊がスタンレー山系北麓のココダに進んで明らかになったところでは、それから先は「山岳重畳、密林錯綜し、羊腸《ようちょう》とした通路が急傾斜の山腹を通ずる状態」(6)であった。この道を兵隊は、一斗の米を兵器装備のほかに背負って踏みわけていったのである。

南海支隊の主力は、八月一八日にブナ南方のバサブアに上陸し、増加配属された歩兵第四十一聯隊も八月二一日に上陸して主力につづいた。八月下旬にはイスラバ附近で守備の濠軍を破ってスタンレー山系にわけ入った。そして途中の抵抗を排除しながら九月一六日にはイオリバイワに達し、はるかにパプア湾を望み、モレスビー飛行場の灯火が見える地点に到達した。

しかし上陸いらい一カ月、南海支隊の携帯食糧は底をついた。支隊にたいする補給はバサブア地区からの追送が困難のために極度に切迫して、支隊主力の糧秣は皆無の状態に近かった。二十日、支隊長は第十七軍司令官にたいして、空中補給を要請した。第十七軍司令部では直ちに第十一航空艦隊に物糧投下を依頼した。「二一日は天候不良のため途中から引き返し、二三日は戦闘機援護の下に海軍中型陸上攻撃機がココダに空中補給を実施した」(7)という状況だった。このココダも、第一線からは遠く離れたスタンレー山脈の北麓であった。第一線部隊の飢餓はとても救えなかったのである。

南海支隊の前進中に南太平洋の戦況は大きく変化した。八月七日に米軍がガダルカナル島に上陸し、以後同島をめぐる攻防戦が戦局の焦点となったのである。第十七軍は南海支隊のイオリバイワ占領の報を受けた後、九月一九日に南海支隊に「マワイ以北の占拠」を命じた。これはスタンレー山系の高地線の占領を命じて、以後の前進を控制する意味があった。

南海支隊の状況は深刻であった。食糧不足から将兵の体力が日増しに衰えていくのに反し、モレスビーに近づくと濠軍の抵抗は強くなっていった。九月一四日、堀井支隊長は田中参謀に「田中君、わしは是が非でもポートモレスビーをと考えていたが、さっき谷川で手を洗いながら兵隊の飯盒を見て、決心を変更した」と語った。「兵隊のもっている米では前の陣地をとるだけでも覚束ないだろう。兵隊で明日の昼まで飯を二合と炊く者がない。殆どの兵隊がこれで米は終りだといっていた。食糧の不足は十分わかっていた筈だが、これほどとは思わなかった。これ以上進出するのはそれだけ自殺行為をはやめることになる」といったという(8)。

補給の困難、食糧の不足は当初から予想されていたことである。渋る南海支隊の尻をたたいて、山系横断の陸路進攻作戦に駆り立てた軍司令部や、大本営の名をかたって無謀な計画の実行を迫った辻参謀の責任が、なぜ問われなかったのだろうか。

(3) 退却戦とブナ、ギルワの終末

モレスビーに日本軍が脅威を与えたのにたいして、連合軍はマッカーサーの指揮下に、米軍二個師団、濠軍三個旅団が集結して反撃を準備していた。このことを察知した第十七軍は、ガダルカナル方面の戦況も切迫しているので、南海支隊にたいしてはスタンレー山脈北麓への兵力集結と、海岸地区の防衛強化を命じた。ここから支隊の困難な退却戦が始まった。

一〇月はじめから、山脈内で支隊を追尾している濠軍は次第に兵力を増強し、両側から進出して退路を遮断するようになった。一方米軍は空輸と海上機動で、一〇月中旬にはニューギニア北岸に進出して、支隊の後方拠点であるブナの海軍基地に迫っていた。

食糧が尽きた上、優勢な連合軍に追撃され、退路を塞がれて、南海支隊の退却は苦闘の連続であった。密林の中や増水した川で多くの兵が殪れた。体力の衰えた兵たちにとって、重い兵器を運ぶことも、患者を担送することも容易ではなかった。配属されていた山砲兵の中隊長高木義文中尉は、堀井支隊長から砲を埋めて患者を担送するよう厳命され、砲を埋めたあと拳銃で自殺した。兵器よりも人命を重んじた堀井少将も、ブナ方面の戦況の危急に馳せつけようとして、カヌーでクムシ川を下って海へ出て水死した。

困難な退却戦を経て、南海支隊は四二年一一月中旬ブナ周辺にたどりついたが、このころから連合軍はブナ地区にたいする攻撃を開始した。ブナを確保するかどうかが問題となったのである。大本営は一一月中旬第八方面軍を編成してラバウルに置き、従来の第十七軍と新たに編成する第十八軍（軍司令官安達二十三中将）をその隷下に入れた。そして第十七軍にはガダルカナル方面の戦闘指揮に専念させ、新編の第十八軍に、東部ニューギニアの部隊を指揮させた。

このときブナ方面は制海・制空権をまったく失っており、飢餓に苦しむ敗残の部隊は、全滅寸前の状態に陥っていた。大本営ではこの方面をどうするかについて陸海軍間に意見の相違があったが、結局は第一線の現状を無視して、この附近の確保を命じるという方針が決まった。

一一月二六日、第八方面軍は最初の命令で、第十八軍にブナ附近の要域確保を命じた。第十八軍は新たに独立混成第二十一旅団を送りこみ、旅団長山県栗花生少将をブナ支隊長として、南海支隊をはじめ在ニューギニアの諸部隊を指揮させた。このときのブナ方面の状況は、連合軍の圧倒的な航空勢力の下で、輸送船は進入できず、補給はまったくなされていなかったのである。独混第二十一旅団の上陸も、米軍機の妨害で輸送船が使えず、辛うじて駆逐艦の輸送で人員だけがバラバラに上陸するありさまであった(9)。

制空権を完全に奪われて補給ができないのに、人員だけを送りこんで確保せよと命じるのは、餓死せよというに等しい。スタンレー山脈から退却したり、バラバラに上陸したりした部隊は、ブナ、バサブア、ギルワなどの一帯で各個に連合軍に包囲されて、飢餓に苦しみながら、圧倒的な航空兵力、火力を持つ連合軍と戦うことになったのである。

この苦闘は一カ月以上つづいた。四三年一月一日、海軍の横須賀鎮守府第五特別陸戦隊司令安田義達大佐、陸軍の歩兵第百四十四聯隊長山本重省大佐の指揮するブナの守備隊は玉砕した。残るギルワ地区のブナ支隊の諸隊は、一月中旬まで持ちこたえたが、全員が飢餓状態に陥っていた。その状況は、同聯隊の小岩井第二大隊長がその回想録で次のように述べている。(10)

「食糧の欠乏は、敵弾以上の徹底的損害を我が軍に与えるようになって来た。私の大隊の将兵もみんな飢餓で体力を消耗しきってしまい、頬は落ち髪は伸び放題となり、眼球は深く凹んで底に異様な光が残った。そして顎はとび出し、首は一握りほどに細り、気力なく足を引きずってよぼよぼと歩き、着ているものは破れ、跣足《はだし》で棒のように痩せた腕に飯盒をぶら下げ、草を摘み水を汲んで歩く姿にはどこにも、二、三十才の年齢は見られず、老いさらばえた乞食といった様子だった。」

「この栄養失調の衰弱した体に一たび下痢が始まりマラリアが頭を擡《もた》げると、血便をくだし、四十度前後(四十二、三度の熱を計ったこともあった)の高熱に襲われ、キニーネなどの微温的な投薬では解熱どころか却って下痢を悪化し、発病までは一粒の米でも貪り食った者が、今度は戦友の心尽くしの一滴の粥すら欲しないようになり、水ばかり飲んで喘いでいるのだった。入院させようと思っても、野戦病院とは名ばかりで医薬もなければ看護兵も満足にいず、おまけに食事もない始末なので、むしろ患者は戦友の傍にいることを欲した。しかし大隊にしても野戦病院と大差はないので手の施しようがなくかくして病む者はただ死を待つよりほかないのだった。」

「患者はたいてい一週間も熱発を続けると脳症を起こして譫言《うわごと》をいい始め、嘘のように脆く、ちょうど晩秋の落葉のように飽気なく死んで行った。三十才にもなろうという男が無意識に母親の名を呼びつづけて死んで行くこともあった。」

「この作戦の終ったあとで戦歿者の統計を調べると三割が敵の弾による戦死、残る七割は病死だった。」

こうした状況の中で、一月二〇日残存した一部の兵力はギルワを脱出したが、脱出行動を共にできない患者は陣地に残され、その多くは自決した。堀井少将の後任の南海支隊長小田健作少将も、脱出部隊を見とどけたあと自決した。

この作戦にはじめから参加していた南海支隊の人員は、内地出発人員五五八六名、補充人員一七九七名、損耗人員五四三二名、残人員一九五一名となっている。歩兵第四十一聯隊の場合は小岩井少佐によると、戦死約二〇〇〇余、負傷、病気による後送約三〇〇、生存者約二〇〇名で、前述のように戦死のうち三割が弾丸によるもので、七割が病死という。今村均大将の回顧録では、東南部ニューギニアの約一万五〇〇〇の堀井混成旅団（南海支隊）の場合は、ガ島の「第十七軍主力方面よりは、一層悲惨な運命に会い、大発動艇により救出された者は、わずかに三千名に過ぎなかった(11)」としている。

ガダルカナル島の場合は、最後には残存兵力救出の措置がとられ、撤退のための作戦が行われて、約一万の将兵が、栄養失調で瀕死の状態になりながらも、駆逐艦で助け出された。ところがこのブナ地区の場合は、そうした救出の措置もとられず、バサブア、ブナの守備隊は玉砕し、ギルワの守備隊だけが自力で撤退した。この撤退は奇跡的に成功したが、南海支隊長以下多数の自決者を出すという悲劇を伴うものであった。

このような悲惨な戦況をもたらした責任は現地の地形、気象などの実情を確かめないで、彼我《ひが》の戦力を具体的に検討することもせず、ただ作戦上の必要からブナ地区の確保を命じた大本営にあるというべきであろう。この地区の統一指揮を命ぜられていたブナ支隊（独立混成第二十一旅団）は、撤退直後の四三年四月に作成した「情報資料」の中で、この作戦指導の問題点を指摘している。その一部を次に摘記する。

四、上下共ニ新戦場ノ様相明カナラズ而モ遠ク海洋ヲ隔テヽ作戦スル場合ニハ後方上級指揮機関ハ第一線部隊ノ状況ヲ如実ニ認識スルハ至難ナリ而モ此ノ認識ノ相違ハ決シテ軽々ニ看過シ得ザルモノアリ

七、飢餓ガ軍人ノ節操、軍紀ヲ弛緩セシムルコトハ意外ニ大ナルモノアリ

幹部ニシテ率先垂範其ノ本能ヲ克《よ》ク制御シ得ザルモノアルハ注意ヲ要ス

八、兵要地誌ノ調査ハ一層綿密ナルヲ要ス。特ニ未開地ニ対シテハ然リ戦闘ハ勿論兵器、経理、衛生等各般ニ亙リ影響スル所極メテ広汎ナリ(12)

しかしこの現地部隊の血のにじむような教訓資料は、大本営の作戦当局者には生かされなかった。その直後に作成された大本営陸軍部の「南太平洋方面作戦ノ経験ニ基ク教訓ノ一部」(13)という文書では、依然として精神力の重要性を強調し、作戦の失敗を指揮官の精神的要素に原因があるとしている。すなわち教訓の精神的事項として、次のように述べているのである。

今次作戦ノ経験ハ国軍未曾有ノ困苦欠乏ニ堪ヘシモノト称スベク、戦況逼迫《ひっぱく》スルモ尚克ク必勝ノ信念ヲ失ハズ、偉大ナル精神力ヲ発揮セルハ、流石《さすが》ニ皇軍ニシテ始メテ可能ナリシモノト観察セラレ意ヲ強ウスル所ナリ。然レドモ苦戦ノ度加ハルニ従ヒ幹部特ニ

指揮官ニ於テ性格ノ陶冶十分ナラズ、不利ナル感作ヲ軍隊ノ指揮統帥ニ及セルモノアリシハ遺憾ナリ。

一、軍隊ノ強弱ハ指揮官、幕僚ノ良否ニ関スルコト至大ナリ。而シテ良好ナル指揮官、幕僚ヲ有スル軍隊ハ、苦戦ノ場合ニ於テ益々其ノ価値ヲ顕ハシ、部隊ノ歴史、徴集管区別等ノ影響ヲモ超越シ、偉大ナル戦力ヲ発揮スルガ如シ。

二、難局ニ際シ指揮統帥ノ精神的根基ヲ為スハ承命必謹、任務ニ死力ヲ致スノ崇高ナル精神ナリ。大命ハ本精神ノ昂揚ニ絶対的ニ力ヲ有ス。

すなわち、遠く海洋を隔てた後方の上級指揮機関は、第一線の状況をもっと認識すべきだとか、飢餓が軍人の節操、軍紀をいかに弛緩させるかとか、未開地の兵要地誌を綿密に調査の必要があるなどという現地からの教訓は受け容れられなかった。大本営は精神力が作戦の成否を分けたのだとし、教訓として指揮官、幕僚にいっそうの精神力発揮を要求しているのである。こうした大本営の精神主義むきだしの指導で、その後二年間にわたって東部ニューギニアで、同じような作戦がもっと大規模にくりかえされることになるのである。

〔注〕

(1)『戦史叢書・南太平洋陸軍作戦〈1〉』、一九六八年、一六八頁。
(2)「南海支隊司令部附豊福少佐の一九四三年六月の参謀本部での講話」(同前書、一七四～一七五頁)。
(3)小沼治夫陸軍少将「ガ島における第十七軍の作戦」(防研史料)。
(4)同前。
(5)高山信武『服部卓四郎と辻政信』、芙蓉書房、一九八〇年、一四〇～一四一頁。
(6)前掲『戦史叢書・南太平洋陸軍作戦〈1〉』、一四四頁。
(7)同前書、五一八頁。
(8)小岩井光夫(当時少佐、歩兵第四十一聯隊第二大隊長)『ニューギニア戦記』、日本出版協同、一九五三年、一二八頁。
(9)『戦史叢書・南太平洋陸軍作戦〈2〉』、一九六九年、四二一～四二九頁。
(10)前掲、小岩井光夫『ニューギニア戦記』、二二八～二二九頁。
(11)今村均『私記・一軍人六十年の哀歓』、芙蓉書房、一九七一年、四一四頁。
(12)ブナ支隊「「ブナ」「ギルワ」方面戦闘ノ教訓及将来攻勢ニ関スル情報資料」昭和十八年四月(防研史料)。
(13)大本営陸軍部「自昭和十七年五月頃至昭和十八年三月頃、南太平洋方面作戦ノ経験ニ基ク戦訓ノ一部」(軍事秘密、用済後焼却、昭和十八年八月)。

3　ニューギニアの第十八軍

(1)　現地を知らない大本営

一九四三年一月一日、ブナの陸海軍守備隊が玉砕し、一月二〇日にはギルワでも南海支隊の新支隊長小田健作少将が自決し、残存兵力が西方へ撤退したことは前章で述べた。このときすでにニューギニア方面でも、制空権は完全に米濠連合軍の手にあり、日本軍は増援部隊の上陸も、弾薬や糧食の追送もきわめて困難な状況にあって、ブナやギルワの守備隊を見殺しにしたのである。

ところがその後も状況は悪化するばかりなのに、大本営はニューギニアで攻勢をとり、モレスビーを攻略したいという希望を捨てなかった。そして陸軍は第十八軍、海軍は第九艦隊を東部ニューギニアで編成し、その後に合計で一四万八〇〇〇人の大兵力を送りこんだ。このうち戦後の生還者は一万三〇〇〇人にすぎず、実に一三万五〇〇〇人の戦没者を出したのである。

第十八軍司令官安達二十三中将は、任務に忠実で責任感旺盛な軍人の典型とされている。安達中将は戦後もラバウルに残って、残存将兵の帰還と、戦犯容疑者の救援に尽力し、それらの終わった後の四七年九月一〇日、戦没将兵の後を追って自決した。その遺書は、今村大将（直属上官）、上月中将（復員局長）あてと、部下の第十八軍将兵あてとの二通があるが、今村・上月あての遺書の中には次のような一節がある。

又作戦三載の間十万に及ぶ青春有為なる陛下の赤子を喪ひ而して其大部は栄養失調に起因する戦病死なることに想到する時御上に対し奉り何と御詫びの言葉も無之候《これなくそうろう》 小官は皇国興廃の関頭に立ちて皇国全般作戦寄与の為には何物をも犠牲として惜しまざるべきを常の道と信じ打続く作戦に疲憊の極に達せる将兵に対し更に人として堪へ得る限度を遥かに超越せる克難敢闘を要求致し候之に対し黙々として之を遂行し力竭《つ》きて花吹雪の如く散り行く若き将兵を眺める時君国の為とは申し乍ら其断腸の思は唯神のみぞ知ると存候当時小生の心中堅く誓ひし処は必ず之等若き将兵と運命を共にし南海の土となるべく縦令凱陣の場合と雖《いえど》も渝《かわ》らじとのことに有之候（1）

安達中将はこうして司令官としての責任をとり、戦没部下将兵に殉じたのである。しかし東部ニューギニアで一三万五〇〇〇人もの犠牲者を出した責任は、第十八軍司令官よりも、第十八軍をここに投入して見殺しにした側にあることは明らかである。現地の実情や戦力の状況を無視して無謀な計画を立て、その後この大部隊を餓死させてしまった大本営、とりわけ作戦担当者の責任は重いといわなければならない。

そもそも大本営は、この方面の作戦を計画し大軍を派遣するのに、ニューギニアとはどんなところかという地誌についての情報をほとんど調査せず、兵要地誌についてまったく無知のまま軍を動かすという、考えられないほどの過失を犯している。ニューギニア島は総面積七七万平方キロメートル、日本本州の三倍半もある大島である。東西の長さは二四〇〇キロ、幅は六〇〇〜七〇〇キロで、中央山脈は標高五〇〇〇メートルを超える。全島熱帯性の密林に覆われ、大河と湿地が多く、地上の通行はきわめて困難である。人口は稀薄で、海岸に点々と存在するわずかな集落とその周りの開墾地は、海の中の孤島に等しい。これを陸続きの大陸と考えて、中国戦線と同じように軍隊が行動できるという前提で作戦を立てたのである。大本営の作戦課長自身が、戦後になって、「各部隊は正に大海の孤島に在り(2)」と書いているのである。

中央の作戦参謀たちは、現地の実情を確かめもせず、第一線の軍の意見を聞くこともなく、大ざっぱな地図の上で、戦術の答案でも練るように、机上の作戦を考えていた節がある。『戦史叢書』にはブナ玉砕の後の四三年一月中旬に、参謀本部作戦課(課長は服部から真田穣一郎大佐に代わる）内で、作戦部長綾部橘樹少将（田中の後任）も出席して、竹田宮恒徳王少佐、瀬島龍三少佐などの作戦参謀たちが、今後のニューギニア作戦を討議した記録を載せている。そこではこの方面に三個師団と一個旅団を送り、ブナを奪回するとともに、ニューギニア南岸の要衝ケレマ（モレスビー北西二〇〇キロ）を、サラモアから中央山脈を横断して占領し、モレスビーを包囲するという計画が検討されたとしている。この記録を紹介した筆者は、「大本営陸軍部の作戦担当幕僚はきわめて強気で、当初一部「不安」なる字句も見えるが、概して陸軍が作戦の重点をニューギニアに指向すれば、ガ島のような離島の作戦と違い、ブナを奪回し、南岸ケレマを攻略し、要衝モレスビーを戦略的に包囲することは、困難ではあるが努力次第で不可能ではないと考えていたと見られることは注目すべきことである(3)」と、抑制した言葉ながら批判している。

重点をニューギニアに指向し、陸軍兵力を増強してモレスビーに向かって攻勢をとるという、およそ現実離れをしたこの作戦案が、四三年二月二七日に策定された「昭和十八年度帝国陸軍総合作戦計画」で具体化された。その計画では、今後の太平洋方面における陸海軍の作戦の重点をニューギニア方面に置くことにし、「十八年前期作戦根拠を確立し、ケレマ、ブナの線より、ニューギニア東端に向かって攻勢をとり、モレスビー攻略作戦準備を行なう(4)」とされている。この段階になってもモレスビー攻略を方針とし、南海支隊の苦い経験があるにもかかわらず、サラモアからケレマへの中央山脈横断作戦を企てるなど、およそ現実の状況とは縁遠い作戦計画を立てていたのである。

大本営がこのような強気の作戦を考えていた四三年の一月中旬から程近い時期に、東部ニューギニアに起こった事態はこうした構想を雲散霧消させるものであった。ラエ、サラモア方面の作戦兵力として、第五十一師団の主力をラバウルから輸送し、三月上旬にラエに上陸させる作戦が計画された。輸送船七隻は駆逐艦八隻の護衛で、ニューブリテン島北岸を通って三月三日ニューギニアとの間のダンピール海峡にさしかかった。ここで米空軍の攻撃を受け、わずか二〇分間で駆逐艦三隻炎上沈没、全輸送船七隻が炎上または沈没という全滅的打撃を受けた。翌日の第八方面軍の報告によれば、全乗船者六九〇〇名の中で生存者は約三九〇〇名、そのうちの一二〇〇名がラエに上陸したとある。[5] やっとラエにたどりついた人員も、海没のさいに兵器装備を失って戦力にはならなかった。モレスビーへの攻勢どころか、ラエ、サラモア地区を持ちこたえるのさえ危ない状況となったのである。

(2) 死の転進行軍

東部ニューギニアにおける日本軍死者の大半は、密林や山脈を越えての転進の行軍中に力尽きて倒れた犠牲者であった。作戦参謀が大ざっぱな地図の上で計画を立て、軍隊の移動を計画しても、実際の行程は通れない密林や山岳を越えての難路であった。食糧が尽き、難行軍に耐えられずに兵士たちは次々に倒れていったのである。

こうした状況について、今村第八方面軍司令官は、戦後の一九五九年に戦史室が行った事情聴取にたいして次のように答えている。


大本営は全くニューギニアの地形を知らなかった。地図だけで示してくるのである。道路構築も支那大陸と同じような考えを持っていた。優勢な敵の航空勢力下では、折角作った道路、橋梁もすぐ爆撃され、補給は途絶し再び南海支隊と同様の運命を辿るであろうと考えられた。補給がきわめて軽視されていたのである。当時辻参謀が既に東京に帰っていたので、現地の実情は東京でもよくわかっているはずと思い、大本営の良心を疑った。

大本営は白紙戦術のような指導をしたといえる。また、補給を軽視する風潮は陸軍大学校の教育が誤っていたものと思う(6)。


この今村の回想は、作戦参謀の作戦第一、補給軽視の考え方や、無謀な積極主義、攻勢主義の欠陥を衝いているといえよう。

ダンピール海峡での第五十一師団主力の遭難という悲劇が起こった後は、同師団の残存兵力でラエとサラモアの防備を固めていたが、陸上からの濠軍、海上からの米軍の攻撃をいつまで支えられるかが問題であった。四三年六月末米軍はサラモア南方のナッソウ湾に上陸し、一方陸上からサラモアに迫る濠軍の攻勢も激しくなり、ムボ、ボブダビなどの拠点が七月中に陥落した。

その後さらに圧倒的な海・空戦力を持つ連合軍は、ラエ、サラモアを通り越して、ダンピール海峡方面に進攻する形勢となったので、四三年九月はじめ第十八軍は第五十一師団長にラエ、サラモアを撤退して、北岸への転進を命じた。九月一五日にラエ、サラモア部隊八六五〇名は、北方サラワケット山系を越えてキアリに向かって転進の途についた。これは地図上の直線距離は一〇〇キロ程度しかないが、標高四〇〇〇メートルを超える天険で道路はなく、徒歩不能の急流や密林が行動を妨げ、糧食の補給はないため、約一カ月かかってようやくキアリに到着した。この間四分の一強の二二〇〇名が途中で生命を失い、ようやくたどりついた将兵も体力が消耗して戦闘、勤務に堪えない状態であった。

これはまったく地図の上だけで、現地を確かめずに転進を計画した参謀やそれを認めた上級指揮官の責任である。だが実際に山越えをさせられて、屍を晒すことになったのは兵士たちであった。

山越えをした部隊の一つである第五十一師団第三野戦病院の岩田亀索衛生伍長は、「ニューギニヤサラワケット越え　さまよう英霊」(7)に、次のように書いている。

ラエより（18・9・15発）死のサラワケット越え（行程約400k）、前半十日位は敵包囲の内の逃避行、虎の尾を踏む思ひの暗夜の難行軍、谷へころげ落ちる者数知れず、キアリ着（18・10・15）。ラエ撤退時の兵力約六千、どうにかキアリに着いた将兵は半数の約三千、熱帯とは云へ四千米以上の高山、寒さ、連日の行軍、疲労凍死、餓死数十名が各所に枕を並べて無念の涙をのみ此の山の犠牲となる。今もなほ白骨を晒す姿が目に浮ぶ。

これらの部隊は、キアリからさらにニューギニア北岸沿いに、西へ西へと転進を強いられることになるのだが、手記はその状況をつづけて記述している。

海岸或はジャングル至るところでプーンと鼻をつく死臭、そこ此処に三人或は五人と皮ばかり、或はビヤ樽のようにむくみ、無残にも餓死して居る。中にはまだ生きて目をパチ〳〵して居るうちに、耳、鼻、口と蛆虫がわいている。プーンとあたり一面に漂う死臭、生きてうごいて居る兵より、死人の方が多い。生きて居るだけでよろよろの兵士にはどうにもなるものではなかった。生死を別け合った戦友の死体に一寸の土をかける勇気ももはやなかった。精神力にさゝえられたただ命令によって道なきジャングル……海岸……大きな河……激流、山又山と、ハンサ……ウエワクえと急がねばならなかった。

ラエからキアリへのサラワケット山系越えは、東部ニューギニアにおけるその後の苦難の行軍のはじまりであった。同じような飢餓行進が、もっと大規模にくりかえされることになるのである。

ラエ、サラモア地区からの第五十一師団の撤退を決めた四三年九月上旬の東部ニューギニアでは、第二十師団がマダン地区に集結しており、第四十一師団がそれよりも西のウエワク地区に上陸中であった。ダンピール海峡西岸のフィンシハーフェン地区に危急が迫っているとした大本営と第八方面軍は、第十八軍に命じて、第二十師団をマダンからフィンシハーフェンに向かって転進させた。ところが連合軍は、日本軍の集中に先立って、四三年九月二二日フィンシハーフェンに上陸し、強固な拠点を築いた。

第二十師団は長途の行軍の末フィンシハーフェン地区にたどりつき、連合軍の陣地にたいして四三年九月から一二月にかけて、四次にわたる攻撃を加えたが成功せず、大きな損害を出して退却することになった。さらに四四年一月二日、連合軍は第二十師団の背後であるマダン東部のグンビ岬に上陸した。これにたいし第十八軍はウエワク地区の第四十一師団を陸路マダンに転進するように命じた。

日本軍がニューギニア北岸の密林の中を徒歩で移動しているときに、米濠連合軍側は圧倒的な海空戦力を武器として、自由に後方の要点に上陸することで、日本軍の行軍を徒労に終わらせた。フィンシハーフェン—マダン間も、マダン—ウエワク間も、図上の距離は約三〇〇キロにすぎないが、両師団ともこの陸路の移動で惨憺たる苦難を味わうことになった。

機動力を失ったジャングルの中で孤立している日本軍を置きざりにして、その背後の要点にたいし海空基地を推進するというこの米濠連合軍の作戦は、西南太平洋方面軍司令官マッカーサー大将が自賛している「蛙飛び作戦」「飛び石作戦」と名づけられたものである。これは基地の推進に必要な一、二カ月をローテーションで、戦闘機による制空圏の範囲内で上陸作戦を行っていくもので、必要のない地点は素通りし、日本軍を置きざりにしてしまうのである。

四四年四月二二日には、連合軍はニューギニア北岸のホーランジア、アイタべ《(ママ)》に上陸し、第十八軍の三個師団は完全に敵の背後に取り残されて孤立した。その後まったく補給を受けないまま、作戦をつづけるのである。

大本営参謀の堀栄三は、米軍の飛び石作戦を分析し、「日本がニューギニアを東西に連なる陸地と考えたとき、統治国の濠州を友軍としていた米軍は、戦前からすでに地誌資料を得て、「これは陸続きではない、海だ。点々と存在する猫の額のような平地は樹海の中の孤島だ」と、研究を終えていたのである。そして米軍は、これを支配するのは歩兵ではない、航空以外にないと判断していたのである」と書いている(8)。

付図第４　ニューギニア要図と米軍上陸年月日

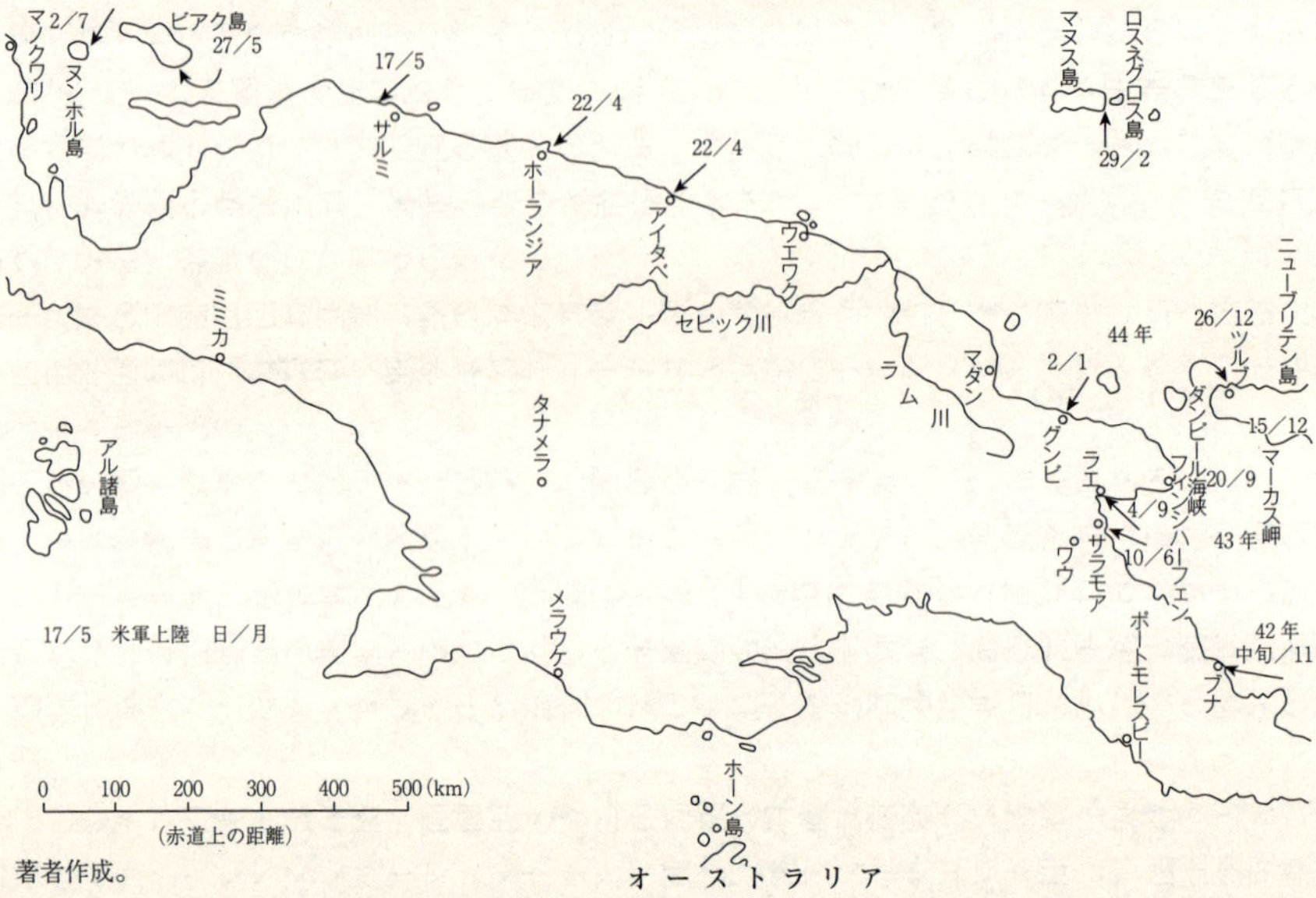

著者作成。

しかし日本の大本営は、ニューギニアを陸地と考えていた。第十八軍は、飛び石の間を陸続きと考えて密林の中の行軍をつづけ、飢えに倒れていくのである。堀参謀はつづけて次のように書いている。

安達二十三中将麾《き》下《か》の第十八軍の当初の兵力は、三個師団と海軍守備隊を基幹とする約十四万八千人。陸続きと思った原始林のジャングルを伐り拓いて、八百キロ以上の死の大行進をして、西へ西へと進んだが、米軍の飛び石作戦の方が先に進んでしまって、アイタペに兵力を集結し終えたときには、第十八軍は完全に米軍の後ろに取り残されていた。日本からの船での補給は完全に遮断されて、米軍から見てもはや戦力ではなく、太平洋と同じようにジャングルの海の中の孤島で、彼らの前に立ちはだかったのはただ飢餓と熱帯病であった。

戦後の資料によると、生還して日本の土を踏んだ者は一万三千人であるから、実に九十パーセントの兵士が無惨にも命を落してしまったことなる(ママ)(9)。

(3) アイタペ作戦

一九四四年四月二二日、米濠連合軍はニューギニア北岸、日本軍の背後のホーランジアとアイタペに上陸した。アイタペは兵站《へいたん》基地で、約二〇〇〇名の陸海軍がいたが、戦闘部隊はわずかであった。ホーランジアには海軍の第九艦隊司令部、陸軍の第六飛行師団司令部と第十八軍の南洋第六支隊など、約一万四〇〇〇名の兵力があったが、これも地上戦力としては強力ではなかった。連合軍に追われた日本軍は、さらに西方のサルミに向かって転進、つまり後退した。この退却は難路と食糧の欠乏に悩み、途中に白骨が折り重なるという惨状を呈した。この中でホーランジアからサルミまで四〇〇キロを後退した第十八軍関係部隊は、総人員約六七〇〇名中、サルミに到着したのは約五〇〇〇名、さらにその中で戦後に内地に生還した者は一四三名にすぎなかった(10)。

連合軍のホーランジア、アイタペ上陸によって、この方面の主戦場はさらに西方に移ることになり、第十八軍の主力は東部ニューギニアのマダン、ウエワク方面に取り残されることになった。また戦線が西に移るにしたがって、四四年三月二五日大本営は、第十八軍をラバウルの第八方面軍隷下から外し、新たに濠北方面担当の第二方面軍（司令官阿南惟幾中将）隷下に移していた。第二方面軍司令部ははじめフィリピンのダバオにあり、四月にセレベス島のメナドに移っている。いずれにしても第十八軍は、敵中深くに取り残され、補給の道は完全に途絶してしまったのである。

連合軍のホーランジア、アイタペ上陸にさいしても、第二方面軍は第十八軍にたいして、「西部ニューギニア方面に転進して、積極的に敵を牽制し、なし得ればホーランジアを奪回」せよと命じた。第十八軍司令官安達中将は、このままでは全軍餓死するよりほかはないので、軍の全力でアイタペを攻撃する決心をした。阿南方面軍司令官の五月二六日の日記[11]には次のように書かれている。

安達二十三第十八軍司令官より、予にアイタペ攻撃を決行せしめられ度旨具申あり。皇軍の真姿を発輝し、楠公精神に生き、今回の結果如何よりも皇国の歴史に光輝を残すを以て部下への最大なる愛なりとの信念を縷述《るじゅつ》しあり。将帥の心情正に斯くの如くなるべし。予も武士道を知り、皇軍戦道を解す。之を是認し、上司にも具申す。

ところが大本営は、ようやくこのときになって、第十八軍のニューギニア西部への転進やホーランジア、アイタペの奪回は無理と考え、六月一七日に第十八軍を第二方面軍の隷下から外して南方軍の直轄とした。そして第十八軍には現地のウエワク附近で現地自活させることにした。ところが第十八軍司令官安達中将は、座して餓死を待つよりは玉砕の道を選び、アイタペ攻撃の決心を変えなかった。その後も困難をきわめた転進をつづけて、アイタペにたいする攻撃を実行したのである。

戦闘は七月一〇日に、アイタペ東方の坂東河左岸の連合軍前進陣地にたいし、第二十、第四十一両師団並列しての攻撃によって開始された。しかし日本軍の死力を尽くしての攻撃も、圧倒的な火力を持つ連合軍に歯が立たず、一カ月に及ぶ悪戦苦闘の末に八月初旬に攻撃を中止して撤退せざるを得なくなった。この作戦での第十八軍の損耗は、約八〇〇〇名に達したとされている。

困難な条件の中での死力を尽くした攻撃に失敗した後の第十八軍の運命は悲惨そのものであった。アイタペ攻撃に全力を使い果たして、ようやくウエワクとその南方地区に兵力を集結した第十八軍の三個師団は、多数の傷病兵を抱えている上に、すでに七月で食糧は尽きていた。しかも敵の後方に取り残される形となったため、以後の補給の見込みは完全になくなった。それだけでなく、米濠連合軍による攻撃に晒され、それから一年間の地獄の苦しみを味わうことになるのである。

(4) 極限状況下の第十八軍

第十八軍がウエワク附近に集結した一九四四年八月下旬は、戦局の転換点であって、米軍のサイパン島占領、マリアナ海戦による日本聯合艦隊の潰滅によって、太平洋の決戦場は日本本土からフィリピンの線に移った。機動力を失ったラバウルやニューギニアにとり残された日本軍は、もはや全体の戦局に関係のない遊兵となってしまったのである。

ラバウル周辺の第八方面軍直轄部隊は、苦心して現地自活態勢を作り、米軍に素通りされた後も、生存する条件をある程度整えていた。しかし決戦を求めて行動をつづけてきた東部ニューギニアの第十八軍には、飢餓による自滅の道しか残されていなかった。九月以降第十八軍は、比較的に物資に富むウエワク南方アレキサンダー山系南側の地区（山南地区）に部隊を進駐させて、自活圏を確保しようとした。

ところが四四年九月以降、この方面の連合軍の行動は活発になり、海岸地区、山南地区とも日本軍は次第に追いつめられていった。四五年四月にはウエワクが連合軍に落ち、山南地区の日本軍も六月ごろには複郭地帯でオーストラリア軍に包囲された。軍はこの段階で、玉砕決戦を指導することになるのである。

山南地区に追いつめられ、餓死の危機に晒されながら、最後の玉砕戦を強いられている日本軍は、まさに極限状況に陥っていった。第四十一師団歩兵第二百三十八聯隊の小隊長大塚邦男少尉の回顧録「飢餓戦史」は、その状況を次のように綴っている。極限状況の第一線小隊長の心境を示しているので、長文だが引用する(12)。

☆玉砕命令

十四日の朝、川が幾つも分流する湿地帯を歩いていた。陽光が輝く頃川畔の密林内に休むことができた。寒さの為に生きた顔をしているものはなかった。火を燃やして暖をとる事はできないし、日向《ひなた》に体をだすこともできない状態であった。敵機に発見されれば忽ちやられるからだ。眠気は飢えと共に肉体をしめつけていた。陽光のもれる林の中に横になると誰もが口を聞《(ママ)》かずに眠った。八月上旬より草原地帯に追いこまれたニューギニア生存兵は遂に敵の手を煩わさずして此の地帯で全滅させられる運命と相成った。軍及び師団司令部は各第一線将兵が逃亡し投降する状態に、すっかりその名誉と威信を失っていた。之を防止する為に最後の玉砕命令を軍は各師団に与えたのである。

　第一玉砕として我々河師団と朝師団があった。

第二玉砕と云って軍及び基師団がセピック河畔に於て最後の結末をつけると云う事だった。もう逃げられない包囲された中に東部ニューギニヤ生き残りの人達がうごめいていたのだ。午后若干行軍すると私の中隊は渡河点に配置された。

「此の処が最後の玉砕地だ」と部隊長に言われた。

「もう後退する場処はない」と明言された。川向うの草原地帯は焼き払われ始めていた。昨日居たであろう地点は猛爆撃と地上砲火にやられていた。

「私は遂に最後の時がやってきた」と確信した。

「二十日頃が最後の時だ」と秘かに私は計算し梶塚隊長と連絡を密にする事にした。

　もう軍人でない人の集りなのだ。生きる本能のみが肉体を支配しているのだ。急速に行うべき陣地構築も私は疲れている兵隊に命ぜず、食糧探しに全員を差向けた。

　私は此時痔が悪化し出血がひどかった。マラリヤになると多量の血液をなくすのに此の上出血させては血液の面から死ぬであろう。痔のひどい時マラリヤに冒されたらもう終りだと信じていた。此の痔は半月もかかり水筒の温熱で漸く回復したものの、戦場だったらその余裕さえなく結局は死んだであろう。

ともあれ兵隊が物資収集でいない時部隊長は巡視にきて大声を上げて私をののしった。

「陣地を何故造らんか」

「…………」

「お前は一体何してる」

「…………」

「こんなざまで玉砕できるか」

「…………」

私は部隊長に何も言う言葉はなかった。自分が病気であると言訳したが問題でなかったし、だれよりも食べる事の方がより重要であり、私自身痔を回復させる事が更に先決重要な問題なのだ。墓穴のような壕を急いで掘らせる必要はない。銃はさび、銃弾もすでに十数発のみになってしまい、ボロボロの哀れな服装そして骨だらけの肉体、もう軍人でないコヂキの集りなのだ。生きる本能のみが肉体を支配し

「槍はさびて軍人の名もさびてしまった」

此の際軍人の名誉より一粒の米、一なめの塩の方がずっとずっと欲しい。「武士は喰

わねど高楊子」なんて言葉は通用しない。もう一年間も人間らしい食物を食べていない人間には只々食べる事のみが重大な問題なのだ。そして一秒でも一瞬でも生きたいんだ。私は痔の痛みを感じながら部隊長の大声も馬耳東風で心の中でこのように思っていた。

この手記は、戦後一六年経って書かれたものだが、極限状況に追いつめられながら、降伏を選ぶことが許されない下級指揮官の苦悩が表れている。

日本軍の一個大隊が、組織的に降伏したという例外的な事件も、この山南地区での同じ第四十一師団で起こった。

四五年春になると、第十八軍の戦況はまったく絶望的となった。アイタペ攻撃に失敗し持久戦で持ちこたえようとし、第四十一師団には山南地帯の後部陣地での立てこもりを命じた。困苦欠乏のきわみにあった第四十一師団の各隊は、玉砕の地と定められた山南地区の各所に陣地を構築したが、そのさいに歩兵第二百三十九聯隊第二大隊の戦場逃避事件が起こった。これは日本軍では珍しい組織的降伏事件である。第四十一師団の戦後の作戦史では、この事件を次のように報告している。(13)

歩兵第二百三十九聯隊ノ竹永大隊戦場逃避事件ニ就テ

歩兵第二百三十九聯隊ハ先ニ「アポレンガ」附近ノ警備ニ任シアリシガ一月以降ニ於

ケル連続戦闘特ニ「イロップ」附近ノ戦闘ニ於テ戦力全ク消耗シ且師団トノ連絡杜絶セシ為四月上旬独断「ジキナニグ」北方地区ニ後退師団ノ掌握下ニ入リタルモノニシテ此ノ間竹永中佐ノ指揮スル第二大隊（約五〇名）ヲ三月二十三日「アポレンガ」附近ニ於テ聯隊長ノ手裡ヨリ脱スルニ至リ爾後約一ケ月ニ亘ル師団ヲ挙ゲテノ捜索モ何等手懸リヲ得ス遂ニ同隊ノ計画的戦場逃避ナラザルヤヲ疑ハシムルニ至レリ而シテ終戦後濠州ヨリノ俘虜送還ニヨリ之カ団体投降セルノ事実ヲ確認ス

斯クノ如キハ全ク皇軍ノ名誉ヲ失墜スルノ甚ダシキモノニシテ真ニ恐懼《きょうく》ニ堪ヘサル処師団ハ固ヨリ皇軍千載ノ恨事ナリ

この師団の報告は、防衛庁の戦史にも引用してあるが、[14] 大隊長名や「斯クノ如キハ」以下の批判の文章は省略してある。敗戦後になっても降伏を「皇軍千載ノ恨事」とする思想が生きていたのである。

こうした状況に陥りながらも、降伏の時点で残存していた第十八軍の総兵力は左の通りであった。

第二十師団　一七一一名
第四十一師団　一一四七名

第五十一師団　四三一九名
セピック兵団　二六一九名
ムシュ、カイリル島　一二三〇名
その他軍直部隊　二二三七名
総計　一万三三六三名[15]

第八方面軍の死没者約一八万八〇〇〇名、このうち約一〇万名が第十八軍の死者である。そしてその九割である九万名もが、飢餓による死者だったのである。

〔注〕
（1）『戦史叢書・南太平洋陸軍作戦〈5〉』、一九七五年、四五一頁。
（2）服部卓四郎『大東亜戦争全史2』、鱒書房、一九五三年、三一三頁。
（3）『戦史叢書・南太平洋陸軍作戦〈3〉』、一九七〇年、一七頁。
（4）同前書、二三、二七頁。
（5）同前書、五八頁。
（6）同前書、二一～二三頁。
（7）岩田亀索（第五十一師団第三野戦病院衛生伍長）「ニューギニヤサラワケット越え　さ

まよう英霊」（防研史料）。
（8）堀栄三『大本営参謀の情報戦記』、文藝春秋、一九九六年、一一一〜一一四頁。
（9）同前書、一一八頁。
（10）前掲『戦史叢書・南太平洋陸軍作戦〈5〉』、四六〜四七頁。
（11）同前書、八八頁。
（12）大塚邦男「飢餓戦史」其四（『四一会々誌』第六号、一九六一年一一月）。
（13）「第四十一師団「ニューギニヤ」作戦史」第四十一師団、一九四六年三月二五日（防研史料）。
（14）前掲『戦史叢書・南太平洋陸軍作戦〈5〉』、三八五頁。
（15）同前書、四二一頁。

4　インパール作戦

(1)　二〇世紀の鵯《ひよどり》越え作戦

補給を無視した作戦の例として著名なのは、一九四四年にビルマ方面軍が行ったインパール作戦である。戦局の不振、戦力の枯渇が目立つ四四年になって、どの点からみても成算のないインド領への大挙進攻を計画するなど、無謀というほかない作戦が、第十五軍司令官牟田口廉也中将の巧名心から実行されたのである。

チンドウィンの大河を渡り、インドとビルマの国境のアラカン山脈を越えて、インドのアッサム州に侵入しようというこの作戦の経路には、大河と密林と山脈があり、交通機関はなく、第十五軍三個師団一〇万の大軍の兵站線を確保する見込みははじめからなかった。

この時期すでに制空権はまったく連合国軍側に移っており、日本軍は昼間の行動が困難になっていた。山脈を越える道路がないだけでなく、自動車道路を構築するだけの資材も土工能力も日本軍にはなかった。また道路があったところで、制空権がないため昼間自動車を走らせることができず、また走らせる自動車も、ガソリンも欠乏していた。

軍司令官牟田口中将は、補給担当の参謀の懸念を一喝し、象や牛、馬、水牛の収集と調教を命令した。これらの動物に荷物をつけて運び、用がすんだら殺して食べるのだというのだった。牟田口中将はこれを義経の鵯越えや、ハンニバルのアルプス越えにたとえて得意になっていたという。

したがって第十五軍の作戦計画は、補給に関していえばまったく無計画であったといってもよい状態であった。『戦史叢書・インパール作戦』には、次のように記述されている。

「インパール攻略までは、各部隊は自ら食糧や弾薬を携行して山砲をかついで大アラカン山中に進攻しようというのであるから、膨大な輸送機関も山地進攻間はほとんど役に立たない。第十五軍の薄井参謀は「軍では野草を食料にすることを研究している。インパールやコヒマに行き着くまでは各人の携行糧食と野草や現地食料で食いつないでいく」と説明し、方面軍の不破参謀が「兵站主任参謀たる君がそんな危険な方法でこの大作戦ができると考えているのか」と詰問すると「軍司令官の方針だから、われわれの意見ではどうにもならない」と答えた。第十五軍の参謀には、細かな問題は別として、作戦構想の大筋については、軍司令官に意見を具申し得る余地は既に残されていなかった」(1)。なお、『戦史叢書』のこの巻の筆者は不破博参謀その人である。

牟田口中将が、インド進攻へ暴走することができたのは、その直属上司が河辺正三ビルマ方面軍司令官であったことにもよるとは、関係者が等しく証言しているところである。

四三年三月、大本営はビルマ方面の陸軍兵力増強と編制改正を行った。連合国軍の本格的反攻の近いことが予想されていたからである。進攻後約一年経って、北部ビルマでは雲南方面から中国軍の攻勢が迫り、英軍のウインゲート旅団の挺身攻撃が行われ、南部ビルマでは英印軍のアキャブ方面への攻撃がすすめられた。このときに従来のビルマ方面の担当軍であった第十五軍の上に、ビルマ方面軍が新設された。第十五軍の司令官には、進攻いらい第十八師団長としてビルマ作戦に従ってきた牟田口廉也中将が任命され、北部ビルマを担当することになり、ビルマ方面軍司令官には河辺正三中将が任命されて、ビルマ全般の指揮をとることになった。

牟田口と河辺の二人は、一九三七年七月の盧溝橋事件のときの支那駐屯歩兵第一聯隊長と支那駐屯歩兵旅団長として、戦争開始の責任者仲間である。河辺は牟田口を深く信頼し、牟田口は河辺を尊敬していたといわれる。牟田口はその手記に「私は盧溝橋事件のきっかけを作ったが、事件は拡大して支那事変となり、遂には今次大東亜戦争にまで進展してしまった。もし今後自分の力によってインドに進攻し、大東亜戦争に決定的影響を与えることができれば、今次大戦勃発の遠因を作ったわたしとしては、国家に対して申し訳が立つ。男子の本懐としてもまさにこのうえなきことである」と書いており、河辺の日誌（四月一日）には、「牟田口第十五軍司令官より辺疆《へんきよう》に在りて観たる一般状況に就て其意見を叙べたる状況報告あり。即ち、何とかして今の内に印度の要衝に突入して事変の解決にまで持って行きたき壮大なる意見なり」とあるという。[2] 河辺はこの段階で、すでに牟田口の積極的インド進攻論に好意的だったのである。

その後の牟田口のインド進攻計画をめぐる論争でも、河辺はつねに牟田口を庇護する立場をとった。積極的な進攻論を主張する牟田口司令官にたいし、第十五軍参謀長の小畑信良少将は否定的であり、第十五軍隷下の師団長全員も消極的であった。牟田口は小畑の罷免を河辺に求め、河辺はこれを容れて、四三年五月に就任わずか二カ月で、小畑は参謀長を更迭された。小畑は高級軍人には珍しく、大阪の中学校卒業の経歴で、輜重《しちよう》兵科出身であった。アメリカ駐在の経験もあり、合理的な思考と、兵站、補給を重視する意見を持っており、猪突猛進型の牟田口司令官とは対照的なタイプの軍人だった。

ビルマ方面軍では四三年六月下旬にラングーンで、北部ビルマ作戦の兵棋研究を行った。これには大本営参謀の宮田中佐（竹田宮恒徳王の秘匿名）らが、南方軍からは稲田正純総参謀副長らが列席した。この演習では、牟田口司令官のインパールを経てアッサム州に向かうという構想にたいして、統裁官である方面軍参謀長の中永太郎中将や、南方軍の稲田中将が、危険性が大きいと指摘した。しかし牟田口軍司令官は承服せず、竹田宮に強く訴えた。

東京へ帰った竹田宮の報告を受けた大本営の作戦課長（一〇月からは第一部長に昇任）真田穣一郎大佐は、「第十五軍ノ案ハ徹底的ト云フヨリ寧《むし》ロ無茶苦茶ナ積極案ナリ」と回想録[3]に書いた。まさに無茶苦茶な作戦だったというべきであろう。

ところがこの危険で無茶苦茶な作戦が、南方軍、次いで大本営の認可を経て、実行されることになったのである。小畑参謀長以下第十五軍参謀や、隷下師団長の反対は、もちろん牟田口司令官の決意を翻させる力を持たなかった。方面軍の中参謀長らの反対も、河辺方面軍司令官が牟田口を支持したことで無力となった。結局、牟田口の暴走を止めることができるのは、南方軍総司令官か大本営の参謀総長しかないことになった。しかし寺内寿一南方軍総司令官は、四三年一二月末になって、牟田口、河辺の強請に動かされ、作戦の認可を与えた。大本営でも、真田第一部長らの作戦を危険視する意見が強かったが、杉山参謀総長の「寺内さんの希望通りなんとかやらせてくれ」という人情論で、四四年一月七日、インパール作戦の認可が決まったのである[4]。

結局この無謀きわまる作戦を、南方軍も大本営も阻止することができなかった。常識的な反対論も、強硬な積極論に勝てなかったのである。また大本営の認可後、実際に作戦が開始される三月はじめまでの間に、太平洋の戦局には大きな変化が起こった。四四年二月一日米軍はマーシャル群島のクェゼリン、ルオット両島に上陸し、日本軍はこれに何の手も打てないまま両島の守備隊は玉砕した。さらに二月一七日には、聯合艦隊の最大の根拠地トラック島に米機動部隊が来襲し、艦船四三隻沈没、飛行機二七〇機喪失という潰滅的打撃を受けた。太平洋戦線がまさに危局に陥ったのである。二月二一日、杉山参謀総長、永野軍令部総長が解任され、東条首相兼陸相が参謀総長を、嶋田海相が軍令部総長を兼任した。

これは太平洋正面での対米決戦に全力を集中する体制固めだったはずである。ところがこの新体制の下でも、重点を分散することになるインパール作戦は中止されることなくすすめられた。さらにこの時期に、日本軍にとっては有史いらい最大規模の作戦となる大陸打通作戦も、四四年一月二四日の大本営の命令で開始されていた。現地の作戦強行論に引きずられ、成算のないままに無謀無策の作戦をすすめ、莫大な犠牲を出すことになるのである。

三人の隷下師団長全員を罷免して作戦を強行した牟田口軍司令官は、戦後になってからもその正当性を主張しつづけ、莫大な部下の犠牲者を出したことの責任を感じてはいないようである。猪突猛進型の指揮官の典型である。盧溝橋事件の最大の責任者といえるのも、現場の一木清直大隊長(ガダルカナルの一木支隊長)にたいして、「断乎攻撃せよ」と命令した牟田口聯隊長であった。強硬論、積極論が、つねに常識論、消極論を圧倒する事を体現してきた軍人が牟田口なのであった。

(2) 惨憺たる敗北と退却

携行食糧二週間分を持って、チンドウィン河を渡って攻撃を開始した第十五軍の運命は悲惨であった。主力に先立って三月八日攻撃を開始した左翼の第三十三師団は、三月下旬にはインパール平地に達したが、すでに食糧はなくなり、弾薬も不足して攻撃は予定通りすすまなかった。牟田口軍司令官はこれを憤って、師団長柳田元三中将を罷免した。中央を進んだ第十五師団も、インパール間近まで迫ったが攻撃が頓挫した。牟田口軍司令官は第十五師団長山内正文中将も、消極的だとして罷免した。

最右翼をすすんだ第三十一師団の佐藤幸徳中将は、インパール北方のコヒマを占領したが、軍からは約束の補給はまったくなかった。佐藤中将は「米一粒も補給がない」ことに怒り、食糧のあるところまで後退するとして独断で退却した。佐藤中将は抗命の容疑で罷免の上、軍法会議にかけられた。佐藤はあえて牟田口の責任を問おうとしたもので、結局は精神錯乱ということで片づけられた(5)。

三人の部下師団長全員を罷免して、強引に攻撃を督促した第十五軍であったが、補給の途絶えた第一線部隊の状況は悲惨であった。

南方軍復員本部復員課が一九四六年六月に作成した「ウ号作戦及次期態勢移行ノ作戦間

付図第５　インパール作戦関係図

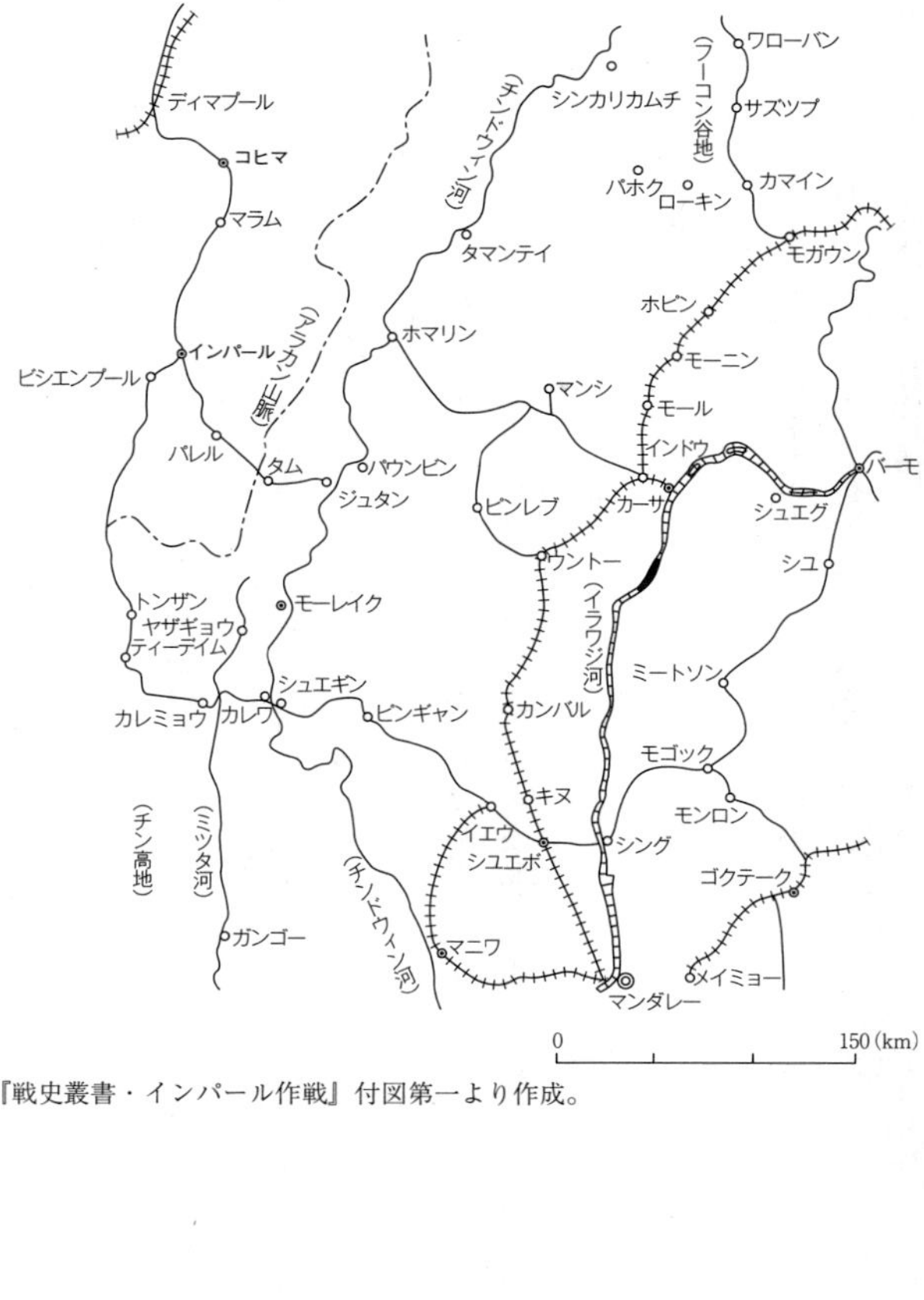

『戦史叢書・インパール作戦』付図第一より作成。

ノ給与及衛生[6]」という史料から抜粋すると、次のように記されている。

歩兵第六十七聯隊　大佐滝口一郎

給与　終始後方補給皆無ニシテ主食米ハ現地物資ヲ利用セルモ、其他特ニ塩補給極メテ困難ニシテ全般的ニ極メテ不良ナリ

衛生　給与ノ素悪《(ママ)》、雨期、薬物補給ノ皆無等ニ依リ、栄養失調、マラリア、脚気多発シ、戦病死者多発スルノ止ムナキニ至リ、衛生状態極メテ不良ナリ

歩兵第六十聯隊　大佐鈴田正忠

給与　全期間ヲ通ジ補給困難ヲ極メ僅カニ現地物資ヲ調弁シ得ルノミ

衛生　気候風土ノ悪性ト補給連絡路ノ杜絶ニ依テ患者多発シ亦患者ノ後送収容極メテ困難ナル状況ナリ

歩兵第五十一聯隊　大佐山田清之

給与　全期ヲ通ジ糧秣ノ補給極メテ不良ニシテ特ニ「ウ」号作戦中ハ主食ノ補給ヲ受ケシ事ナク欠食十数日ニ及ブコトアリタリ

衛生　薬物、糧秣ノ不足ハ栄養失調、体力ノ低下ヲ招来シ、悪性「マラリヤ」、「アメーバ」赤痢等ノ患者多発シ、衛生状態不良ナリ

野砲兵第二十一聯隊　大佐藤岡勇

給与　ウ号作戦間ハ後方ヨリノ補給殆無ク戦闘員ノ一部ニテ籾《もみ》ヲ搗《つ》キテ食糧ニセルモ末期ハ之モ皆無トナリ給与極メテ悪ク爾後ハ概ネ可

衛生　ウ号作戦ノ末期ヨリ雨期ニナリ、マラリヤ、脚気、アメーバ赤痢等多発シ、之ニ依ル損耗極メテ大ナリキ

（ウ号作戦とはインパール作戦のこと）

この四人の聯隊長の報告は、いずれもインパール作戦間糧秣の補給がなかったこと、そのため栄養失調やマラリア、脚気、赤痢等が多発し、多数の死者を出したことを訴えているのである。

こうした食糧の欠乏、衛生状態の悪化で、兵士の体力は衰え、犠牲者が増える一方なのに加えて英印軍は圧倒的に優勢な飛行機、戦車、火力をもって反撃してくるので、損害は増える一方であった。大本営が作戦の失敗をようやく認めて中止を命令したのは七月三日であった。

退却に移ってからの状況はさらに悲惨であった。飢餓に苦しみながら、雨期に入ったアラカン山系の密林の中を退却する将兵の死体は退路を埋めた。その状況は、生き残った兵士によって、次のように描かれている。

遺棄された死体が横たわり、手榴弾で自決した負傷兵の屍があり、その数がだんだん増えてきた。石ころの難路を越え、湿地にかかると、動けぬ重症の兵たちが三々五々屯《たむろ》していた。

水をくれ、連れていってくれ、と泣き叫び、脚にしがみついて放れないのだ。髪はのび放題にのび、よくもこんなにやせたものだと思うほど、骨に皮をかけただけの、あわれな姿だ。息はついているが、さながら幽霊だった。

（中略）

途中、灌木の中にひそんだ盗賊にやられた兵が、腹部を至近弾でやられ、雑嚢が散乱している姿を見た。

戦争は生きることの全貌を一変させるものだ。生きるためには、味方さえ殺し合うのだ。われわれも、恥もなく屍についた雑嚢を探したのだが、食い物はなにひとつはいっていなかった。おぞましい非人の仕業もあきらめ、歩いては休み、休んでは歩き、体内に残る生命の焔をかきたて、生きようとする苦行だけはつづけた。(7)

このような退却の様子は、他の将校〔編集部注：村田平次中隊長〕によって次のように語られている。栄養失調による餓死寸前の状態で、インパールからの後退がつづいたのである。

兵隊達の姿は既に骸骨に等しかった。げっそり窪んだ眼が、伸び放題の無精髭と尖り立った頬骨の奥に空ろに光っていた。顔色は日灼けのした上に泥濘をまぶしつけて、それでいて、その底に澱む不透明な蒼白さが浮いて見えた。

手先きは僅かに皮膚を冠ったばかりの骨が、一本一本浮き立ち、その上を通る静脈がどす黒く不気味であった。

足先きは靴が脱げない程ふくらんでいた。雨にふやけたのだ。まるで豆腐糟のように光沢のない白さに腫れ上っていた。靴を穿き潰した者が大勢いたが、そんな者の足先きは一層ひどかった。

被服はいうまでもなく泥にまみれ切って臀《しり》や肘のあたりがべろべろに破れていても修理など出来なかった。それをひらひらさせながら歩いていた。

もうその頃になると、脚気で全身むくみあがった者はいなかった。とっくに落伍したのだ。したがって、兵隊達は一様に枯れ切った細い枯木にひとしかった。

（中略）

その頃、誰言うことなく、この街道を靖国街道と言った。その儘《まま》歩き続ければ、靖国神社に通じるという意味である。[8]

こうしてインパールから退却する道は、「靖国街道」「白骨街道」と称されるようになったのである。

(3) シッタン河谷の後退

インパールの退却戦にもまして悲惨だったのは、ビルマ戦最終段階での第二十八軍によるシッタン河渡河後の転進であった。インパール作戦の失敗後、英印軍の本格的な攻勢によるイラワジ会戦に敗北し、ビルマ方面軍は四五年四月ラングーンを捨てて、モールメンに後退した。この結果ベンガル湾方面で戦っていた第二十八軍は、ペグー山系内に取り残されてしまった。方面軍から置きざりにされた第二十八軍は、独力で英印軍の包囲を破りシッタン河を渡河して困難な退却をすることになり、八月上旬各部隊ばらばらにシッタン河を渡った。そして渡河後、シュエジンに至る間の困難な行軍をつづけた。『戦史叢書』は次のように述べている。

第二十八軍の諸隊は、シッタン東岸に進出してから、爾後シュエジンに到るまでの行軍間に多くの落伍者、斃死者《へいし》、自決者を出した。その状況はまことに酸鼻《さんび》をきわめていた。第二十八軍参謀土屋英一中佐は、その行軍路を「屍臭の道」と書いている。第二十八軍にとってビルマ作戦最後の場面がこの「屍臭の道」であり、この行軍が終った直後、

あるいは行軍中に終戦を迎えたのである。運命と言うべきであろう。(9)

同書はつづいて、次のような「土屋英一中佐手記」の一部を掲げている。

シッタン河突破成功の報に、軍司令部は八月三日その集結地を発ち、ピリンに向かう機動を開始した。

この頃になると、最後の難関たるシッタン河を突破し得たという安堵感から、将兵の張りつめた気持はにわかに弛緩し、宿営地に残ったものは、特にその収容に出かけない限り、大部分はそのまま息を引きとってしまう。

軍司令部の通過した後、それから数日経って振武兵団の左突破縦隊が前進したが、部落内の家々には戦病死者の屍臭が漂い、とても宿泊はできなかったという。

軍司令部の進路にも落伍者の死体が数多く残されていた。私達は、最初のうちは、路傍の死体を埋葬しながら南下したが、やがてその数が増えるにつれ、それもできなくなった。

シュエジン河とマダマ河との間に特に死体が多かった。食事をしようと森の中に入ると屍臭がした。日の丸の旗を死体に被せてあるものもあった。誰かがそっと被せて行ったのであろう。

当時、靴の損廃がひどかったので誰もが靴に困っていた。路傍に、それまで穿いてきた自分の靴を並べ、戦友に使ってくれと訴えるようにして死んでいる兵もあり、道行く将兵の涙を誘った。

第二十八軍のシッタン河突破作戦は、八月一五日をはさんで行われた。「終戦がもう一カ月早ければ一万人近い将兵の命が助かったであろう」と『戦史叢書』の筆者は歎いている。すなわちこの作戦だけで、一万人近い病死者が出ているのである。

(4) ビルマ戦線の死没者の割合

一九五二年に厚生省援護局の調査したビルマ方面の作戦兵力と、戦没者は次の通りである。[10]

兵力	三〇万三五〇一
戦没者	一八万五一四九
帰還者	一一万八三五二

この戦没者には、インドおよび雲南省（怒江正面）の戦没者を含んでいるが、陸軍のみで航空部隊は含まれていない。したがって、海軍と航空部隊を加えればさらにこれより増えるであろう。すなわち陸軍だけでは戦没者六一％、帰還者三九％である。

この戦没者の中で、戦死者と病死者の割合がどうであるかは正確には判明しない。しかしインパールからの退却やシッタン河を渡っての脱出行をみても、戦死者よりもはるかに多くの病死者を出していることは明らかであろう。

先にあげた烈兵団の村田中隊長は、自分が率いた中隊について、コヒマから退却してチンドウィン河を下航したときの状況について、次のように記述している。(11)

コヒマ作戦参加者　二一〇名
戦死確認者　四〇名
戦病死確認者　九六名
患者（入院を含む）　四二名

但し、この入院患者は即ち戦病死者であるかも知れない。あるいは、後退中行方不明となっているかも知れない。

漸く健康を保持して戦闘力を持つ者　三二名

すなわち、この中隊のインパール作戦の損耗一七八名中、戦死者は四〇名、二二％で、残りの一三八名、七八％は病死と患者（病死の可能性大）であるという。作戦参加の他の部隊の場合も、恐らくは同様であろう。

この割合をビルマ戦線の全体に割り当ててみると、戦没者一八万五〇〇〇名の七八％、ほぼ一四万五〇〇〇名が病死者であったということができよう。病死は栄養失調死と、体力の低下によるマラリア、赤痢、脚気などによる死亡で、広い意味での餓死といえる。激戦地のビルマでも、戦死より餓死が多かったのである。

〔注〕

（1）『戦史叢書・インパール作戦』、一九六八年、一一七頁。
（2）同前書、九一頁。
（3）同前書、一一一頁。
（4）同前書、一五八頁。
（5）高木俊朗『抗命』、文藝春秋、一九六六年、二五二〜二六五頁。
（6）「緬甸部隊史実史料」の中の「ウ号作戦及次期態勢移行ノ作戦間ノ給与及衛生」（防研史料）。
（7）志摩辰郎「地獄街道の戦い」（『実録太平洋戦争、第三巻』、中央公論社、一九六〇年）。
（8）村田平次『インパール作戦——烈兵団コヒマの死闘』、原書房、一九六七年、二一二〜

二一五頁。
(9)『戦史叢書・シッタン・明号作戦』、一九六九年、四八一頁。
(10)同前書、五〇二頁。
(11)前掲、村田平次『インパール作戦――烈兵団コヒマの死闘』、二八三頁。

5　孤島の置きざり部隊

(1)　戦理に反した守備隊配備

太平洋戦争の一つの局面は、ニミッツ米海軍大将の指揮する太平洋方面軍（ＰＯＡ）による中部太平洋の島づたいの進攻作戦である。一九四三年一一月二一日ギルバート諸島のマキン、タラワ両島への上陸に始まり、四四年二月一日マーシャル群島クェゼリン環礁のクェゼリン、ルオット、ナムル三島への上陸、二月一九日同群島のブラウン環礁への上陸とつづいて、いずれも守備隊は数日で玉砕した。さらに四四年夏には、米軍はマリアナ諸島へ向かい、六月一五日にサイパン島、七月二一日にグアム島、七月二四日にテニアン島に上陸した。強力な陸軍部隊が配備されていたこれらの島の抵抗は一カ月近くつづいたが、何の増援も行われないまま、各島とも相次いで玉砕した。四四年九月一五日には、パラオ諸島のペリリュー島、同一七日には同じくアンガウル島に上陸、守備隊は勇戦敢闘して一カ月以上も戦った後、玉砕した。その上で四四年一〇月にフィリピンのレイテ島に来攻したのである。

米軍が攻略した島以外でこの地域にあるその他の多くの島々にも、日本軍の守備隊は配備されていた。しかし制海・制空権を完全に米軍が握り、一隻の船も、一機の飛行機もなくなってしまったこれらの島の日本軍の存在は、米軍にとって何の脅威でもなくなっていた。無駄な犠牲を払ってまでこれらの島を攻略する必要はないとして、米軍はこれらの島の日本軍を跳び越えて、先にすすんでいった。米軍の背後に取り残された島々の日本軍守備隊は、日本からは見放され、アメリカからは無視されて、まったくの遊兵になってしまったのである。

この地域の島の多くは、狭小な珊瑚礁の島で、平坦な砂礫地で地味は悪く、農耕に適していない。中にはポナペ島やトラック島のような若干の山地がある島もあるが、ポナペ島以外は日本軍の大部隊を養うほどの農産物ができるわけはなかった。持っていった食糧が尽きれば、後は餓死する以外の道はなかったのである。こうした島々の中で、比較的大きな部隊が配備されていったウォッゼ、マロエラップ、ウェーク、クサイ、モートロック、メレヨンなどの島々では、残酷悲惨な飢餓地獄が出現したのである。

ミッドウェー作戦にはじめ陸軍が反対したのは、占領はできてもその後の補給が難しいからという理由であった。その他の島についても事情は同じはずである。しかもミッドウエー、ガダルカナルの敗戦で、日本軍が制海・制空権を失ったことが明らかになってから、何故これらの島々に大部隊を送ったのか、そのことに、きわめて重大な疑問を感ぜざるを得ないのである。

はじめ陸軍は、海軍の担任地域である中部太平洋方面に陸軍部隊を派遣することを極力嫌っていた。しかし米軍のガダルカナル上陸直後の四二年八月一七日、米海兵隊の二〇〇名余りが、ギルバート諸島のマキン島に奇襲上陸し、海軍守備兵七〇名の過半数を戦死させて撤退した。この事件は中部太平洋方面への陸軍派遣を促すことになり、九月一四日大本営は、当時仏印にあった独立混成第二十一旅団（歩兵第百七十聯隊基幹）の主力をグアム島（この部隊は後に東部ニューギニアに送られる）に、その中の歩兵第百七十聯隊第二大隊をウェーク島に送った。これが太平洋の島の守備に陸軍を派遣した始まりである(1)。

さらにガダルカナル撤退後の四三年四月一二日大本営は、南海第一守備隊（歩兵四中隊と砲兵一中隊）をギルバート諸島に、南海第二守備隊（歩兵二中隊強）を南鳥島にそれぞれ編成と派遣を命令した。ところが南海第一守備隊は、五月二〇日ヤルート島沖で雷撃により輸送船が沈没し、隊長以下大部分の兵力と装備を失って、ギルバートへの進出は不可能になった。南海第二守備隊も宇品出帆直後の五月五日、志摩半島沖で米潜水艦に雷撃されて沈没し、わずかな生存者をもとに再編成した上でようやく南鳥島に進出するという状態であった。六月にウェーク島守備のために編成された南海第三守備隊（歩兵四中隊と戦車、砲兵、速射砲各一中隊）も、七月にその一部が進出途中遭難した。部隊を送ることさえ難しいのに、その後の補給ができるはずがなかったのである。

南海第一、第二守備隊の派遣にさいし、大本営陸軍部は、糧食その他の軍需品一年分の交付を指示した。東条陸相も「近くまた孤島に部隊を派遣することになるが、糧食、弾薬等少くも一年分は準備せよ」と命じたという。(2) これは後の補給ができないことをはじめから予期していたからにほかならないであろう。

ガダルカナル敗戦後も、ソロモン群島や東部ニューギニアで、一歩一歩後退をつづけている中で、大本営は四三年八月に新作戦方針への転換を考え、九月二五日の大本営政府連絡会議で「絶対国防圏」についての基本的政戦略を決定した。この方針は、現在の占領地域では持久を策しながら、この間の後方の絶対国防圏を定めた要域の戦備を十分に整え、ここに敵が来攻したときに決戦をする。その要域とは、「千島、小笠原、内南洋（中西部）、西部ニューギニア、スンダ、ビルマを含む圏域」だというのである。内南洋ではマリアナ諸島、カロリン諸島の線である。今までのように、敵の来攻する所にずるずると兵力を注ぎこんで敗戦をつづけるのではなく、思い切って間合いをとり、後方で決戦準備を整えようと考えたのである。

ところがこの方針決定後も、中部太平洋では、絶対国防圏だけでなくその前方の島へも陸軍部隊の派遣がつづいた。四三年九月下旬、金沢の第五十二師団で編成された甲支隊

（歩兵一聯隊、砲兵一大隊）がポナペ島に送られた。さらに第五十二師団の主力は、四三年一二月から四四年二月にかけて、トラック島に進出したが、途中米機動部隊の攻撃に遭って人員、装備に大損害を受けた。マーシャル諸島には、四三年九月上旬にフィリピンから歩兵第百二十二聯隊が派遣されていたが、四三年一二月にこの聯隊を改編して南洋第一支隊が編成され、クェゼリン、ウォッゼ、マロエラップの各島に配備された。さらに関東軍で編成された南洋第二支隊（歩兵三大隊基幹）がクサイ島に、南洋第三支隊（歩兵三大隊基幹）がポナペ島に四四年一月に進出した。同じ一月に松江で編成された海上機動第一旅団（歩兵三大隊基幹）は、四四年一月上旬マーシャル諸島のブラウン島に上陸し、一部をクェゼリン、ウォッゼ、マロエラップ島に分派した。これらの派兵は、ギルバート諸島の失陥後、マーシャル諸島への米軍上陸の直前であり、ただ捨石にするためだけの配兵だったとしかいえないのである。

四四年二月マーシャル諸島を失い、さらにトラック島への米機動部隊の大空襲によって聯合艦隊の太平洋最大の基地であるトラック島が潰滅的打撃を受け、絶対国防圏の一角が崩れた。しかしその後になってから、中部太平洋への陸軍のいっそう大規模な派遣が行われることになる。四四年二月二五日、第三十一軍の戦闘序列が発令され、中部太平洋の陸軍を指揮することになった。そして従来からの配備部隊のほかに、関東軍と朝鮮軍から引き抜いた精強な現役部隊である第二十九師団、第一〜第八派遣隊が送られて、小笠原、マリアナ、パラオで、到着早々に米軍を迎え撃つことになったのである。

これらの陸軍部隊の中部太平洋への派遣は、決して順調に行われたのではなかった。内地へ向かって大陸の港を出たとたんに米潜水艦によって輸送船を沈められたり、目的地近くで航空攻撃を受けたり、兵器、装備の大半を失って、辛うじて生き残った将兵が身一つで上陸したりする場合も多かった。つまりこれらの島々に軍隊を送りこむことさえ困難なほど、日本側は制海・制空権を失っていたのである。戦況が緊迫している状況の下で、最初に陸軍部隊を送るときは、海軍も全面的に協力した。それでも大きな損害が避けられなかったのである。ましてそれ以後の全地域への弾薬や、食糧、医薬品などの輸送のために、それほどの海軍の協力は期待できない。事実は、部隊を上陸させた後は、補給はほとんどできなかったのである。軍隊は持続的な補給がなければ生存することは不可能である。現地物資のない孤島に陸軍の大部隊を送りこんで補給をしなければ、餓死が待っているだけである。補給が困難なことがこれほど明白になっているのに、あえて孤島に大部隊を投入しつづけた大本営の作戦担当者は、理性も判断力も失っていたとしか考えられない。

(2) とり残された守備隊

とり残された島々に配備された陸海軍部隊のその後の運命はどうなったのだろうか。

『戦史叢書・中部太平洋海軍作戦〈2〉』は、六六〇頁もの大冊であるが、これらの部隊については、次のようにわずか八行で片づけているだけである。

その後、戦争終結まで、既述のように米軍の進攻によって玉砕したタラワ、マキン、アパママ、クェゼリン、ルオット、ブラウン、サイパン、グアム、テニアン、ペリリュー、アンガウル、硫黄島の各島を除く中部太平洋の多くの島々に取り残された多数の陸海軍部隊は、連日の空襲と補給途絶による飢餓と戦いながら、最後まで使命完遂に努力した。

本編は、これら敵中に残された島嶼《とうしょ》の部隊の状況を述べる予定のところ紙面の都合上割愛を余儀なくされ、「付表第六」とした。(3)

そしてその付表では、ヤルート環礁、マロエラップ環礁（タロア）、ウォッゼ、ウェーク、ミレ、ポナペ、クサイ島、モートロック諸島、エンダービー諸島、メレヨン島、トラック諸島、ロタ島、バグン島について、海陸軍の人数、進出日、状況、終戦について簡単な説明を附しているだけである。『戦史叢書』が、ハワイ海戦やミッドウェー海戦などについて、それぞれ数百頁に及ぶ大冊を充てているのにたいして、あまりにも取り扱いが軽小すぎるといわなければならない。

これら置きざり部隊の運命こそが、この戦争の特質と、日本軍の本質を表しているからである。

防衛研究所図書館が厚生省援護局から引き継いだ資料の中に、一九四五年四月の「内南洋方面離島状況調査表」(4)という一枚の表がある。

これによれば、ほとんどの島が四四年五月ないし九月で保有糧食が尽き、その後の補給が実施されず、現地自活も困難とされている。つまり餓死する以外になくなっていた。そしてその状況は、電報等の報告により大本営でも把握していたのである。

つまり数万人に上る陸海軍守備隊が、中部太平洋の島々にとり残され、糧食の保有状況は皆無となり、補給はまったく実施できない上に、現地での自活は不可能だという実情を中央では知っていて放置したのである。しかも降伏を認めず、餓死するのを待つだけという非人道的な態度しかとらなかった。

米軍はこれらの日本軍にたいして、ビラによる宣伝や降伏勧告をしばしば行い、現地人島民を収容することに努めた。『戦史叢書』によると、ミレ島では島民が最初に収容され、海軍の施設部労働省が動揺し、逐次一部の兵員に及んで陸軍兵四〇名、海軍兵五〇〜六〇名が勧告に応じた。(5)しかしそうなる前に日本軍は島民を圧迫し、虐殺事件を起こしている。日本軍は島にある椰子やパンの実を管理し、島民が勝手に食べると処刑したという。(6)日本軍の虐殺によるミレ島の被害者は一九八人に上り、マーシャル諸島共和国のビエン上院議

員は、日本政府の補償を要求し、「日本市民に訴える」という手紙を『朝日新聞』に寄せた。(7)

島民処刑事件は他の島でもあり、ヤルート島では島民が米軍の度重なる宣伝で、「次第に米軍への逃亡意識を強め、逃げるために日本兵を殺害し、武器や船を奪うという事件が頻発した。警備部隊としては、これら逃亡扇動首謀者や警備員の殺害者、武器、舟艇の強奪者及びスパイ行為者に対し極刑をもって臨んだ」(8)とされている。島民を処刑したり、朝鮮人労務者を殺して食べたという凄惨な事例が、これらの島で生じていたのである。

(3) メレヨン島の惨劇

取り残された島の中で、もっとも悲惨な状況となったのはメレヨン島である。メレヨン島はトラック島の西、グアム島の南、パラオ島の東で、そのいずれからも五〇〇キロ以上は離れたまったくの孤島である。この島は千数個の低平な珊瑚礁からなる環礁で、ほとんど耕地はない。ここを陸軍の独立混成第五十旅団（南洋第五支隊と第七派遣隊を四四年五月に改編したもの）と海軍の第四十四警備隊、合わせて六五〇〇名の兵力が守備していた。米軍はこの島に激しい空襲を加え、航空基地としての機能を封殺しただけで、ここを通り越してマリアナ諸島を攻略し、さらにパラオ諸島に向かっていった。完全に補給を絶たれたので、守備隊長の北村勝三少将（独立混成第五十旅団長）は、四四年九月以降「メレヨンでこのまま餓死するよりも、折から急迫しつつあったペリリュー作戦に対し」「増援逆上陸し武人の最後を飾りたい」と意見具申したが、船が皆無のため認められなかった。(9) 以後一年間、守備隊は飢餓との戦いをつづけることになるのである。

補給の途絶と、現地物資の不足で、主食の給養量は極度に低下し、一人一日一〇〇グラムまで落ち、栄養失調死が続出した。幹部には増量が認められていたこともあって、付表第2でみるように餓死にも階級差があった。

こうした飢餓地獄の中で、食糧をめぐっての陸海軍の対立、各隊間の不和、さらに食糧を盗んだ兵にたいする苛酷な制裁なども行われた。

四五年六月に海軍の司令官宮田嘉信大佐の書いた「メレヨン島現状並に希望事項」（下書き）には次のように書かれている。

⑦給養衛生状況

（前略）

各隊トモ糧食欠乏シ衛生状況極メテ悪ク、病室天濠デアリ、治療具、薬品等極メテ欠乏、一日平均二十名近ク病死者（陸、海軍設営隊合セテ）アリ。

全部栄養失調症ヨリ来ル衝心脚気ニヨル餓死ナリ

付表第1　内南洋方面離島状況調査表（20. 4. 14調）軍令部

地名	供食人員			糧食保有状況		内地ヨリノ補給状況	現地自活状況其ノ他
	海軍（軍属ヲ含ム）	陸軍	総計	主食	副食		
ウォッゼ	1,916	1,014	2,930	米麦1日120gニ野菜屑ヲ混ジ粥食ニテ20. 4. 20迄		実施セズ	「マーシャル」方面ハ大体同一状況ニシテ19. 10. 3附電報ニヨル「ヤルート」ノ状況19. 11. 10附電報ニヨル「ミレ」ノ状況ヨリ考ヘ栄養状況極メテ不良ニシテ兵員ノ減耗モ相当アリト思ハル 尚現地自活極メテ困難ナリト想像サル
マロエラップ	1,057	1,833	2,890	19. 9迄（以後皆無）	19. 8迄（以後皆無）	〃	
ミレ	2,391	1,909	4,300	19. 8迄（以後皆無）	19. 8迄（以後皆無）	〃	
ヤルート	1,118	942	2,060	19. 9迄（以後皆無）	19. 5迄（以後皆無）	〃	
ナウル	4,170	不明	4,170	19. 9潜水艦補給ニテ米55百屯輸送セシヲ3割支給ニテ2ヶ月喰延セリ		19. 9以降実施セズ	数ヶ月米ノ減食ニテ体力消耗死亡率大等ノ現象ヲ呈シアリ，目下南瓜椰子汁等ニテ自活セルモ充分ナル給養ハ望ミ得ズ
オーシャン	510	不明	510	19. 8迄（以後皆無）	19. 3迄（以後皆無）	実施セズ	
クサイ	489	4,561	5,050	19. 5迄（以後皆無）	19. 5迄（以後皆無）	〃	
エンダービー	70（20. 4. 25）	530	600	20. 4. 25ヨリ20日分	20. 4. 25ヨリ20日分	〃	南瓜ニヨリ自活ヲ極力実施中ナリモ状況極メテ不良，左掲員数ハ5月中「トラック」ニ転進完了セシモノトシテノ員数ナリ

バガン	400 (19. 12. 14)	2,000 (19. 12. 14)	2,400 (19. 12. 14)	米麦220 gr($\frac{1}{4}$) 定量ニテ3月 中旬迄		19. 12 以降 実施セズ	甘藷ノ増産ニヨル自給策成レルモ其ノ成果不振 現地産パパイヤ，椰子，蝸牛等利用 栄養失調者相当発生
メレヨン	1,600 (20. 4. 25)	2,900 (20. 4. 25)	4,500 (20. 4. 25)	300 gr ニテ 20. 7 迄		19. 4 潜水艦ニテ補給	農作物強風ノタメ成績不振ナルモ努力中 気力体力甚ダシク衰アリ
大鳥島	3,106	1,144	4,250	20. 6. 3 迄		20. 4 潜水艦1隻補給 20. 6 上旬潜水艦1隻補給予定	野菜栽培ハ汁ノ実ヲ補フ程度，魚介殆ンド尽キ自給策立タズ
南鳥島	半数以上陸軍		3,211 (20. 5. 8)	3割減食ニテ 6月下旬迄		20. 4 潜水艦1隻補給 20. 6 菊丸ニテ補給	自給策立タズ
ポナペ，モートロック，ロタ，トラック，パラオ地区，ヤップ地区の分は省略（現地自活可能となっている）							
計	52,915	67,950	120,865 外ニ官民 10,450				
調査期日 調査資料	特ニ附記セルモノヲ除キ19. 10. 1現在ニヨル，但陸軍員数ハ総計ヨリ海軍員数ヲ差引タルモノナリ		特ニ附記セルモノヲ除キ20. 4. 25，4F現状調書ニヨル	20. 4. 25，4F現状調書ヲ基礎トシ其ノ後ノ補給状況，現地報告，電報等ニヨル			
	南鳥島ハ20. 5. 8，「パラオ」「ヤップ」地区ハ20. 5. 22ノ電報ニヨル						

引用者注）原表には保有舟艇と燃料の項もあるが省略した。4Fは第4艦隊の符号。

付表第２　メレヨン部隊死没者および生還者状況表[10]

区分		戦死	病死	死没者計	同比率(%)	生還者	同比率(%)
陸軍	将校	5	57	62	33	126	67
	准士官	1	8	9	23	30	77
	下士官	19	311	330	64	185	36
	兵	107	1,911	2,018	82	445	18
	計	132	2,287	2,419	75	786	25
海軍		175	2,206	2,381	74	840	26
合計		307	4,493	4,800	75	1,626	25

⑧軍紀、風紀
極メテ不良
各隊ニテ行ハレ居ル精神教育モ食糧ノ不足、飢餓空腹ノ前ニハ如何トモナラズ。糧食庫又ハ耕作地ニ盗難事件頻発。二、三人以上又ハ七、八人組ヲナシテ（下士官引率）ノ事件等モアリ、コレニ対シ実弾ヲ番兵ニ持タセアルモ毎夜二発程度ノ銃声ヲ聞キ、又私刑ガ極メテ多ク、絶食、吊シ首、絞リ殺シ等ガ平然ト行ハレ居ル憂ウベキ状態ナリ。[11]（後略）

ここに書かれている食糧をめぐる制裁の事実を、防衛庁の戦史も認めている。『戦史叢書』は、「このような状況下に部隊全員の自活、食糧統制のためには厳正な食糧軍紀の確立を必要とし、違反者に対して、正規の軍法会議の手続きもとれない異常な当時の状態において、各級指揮官、関係者の苦心は非常なものであった[12]」として、軍法会議によらない処刑が行われたことを暗に示している。裁判によらない処刑までしたこのメレヨン島守備隊は、最後まで軍紀厳正であったとして、とくに陸軍当局を感嘆させた。最後の陸相であった下村定は、北村旅団の復員にさいしての厳正な軍紀について、とくに天皇に上奏した。そのときのことを次のように回顧している。

私はこのとき直ちに拝謁《はいえつ》を願い出で委曲を言上したところ、陛下は日ごろの沈静な御態度にも似合わず、お喜びになり「アア、よくやってくれた。私が深く喜んでおることを、早速旅団長に電報してもらいたい」と何回も繰り返し仰せられた。私は陛下のこの異常な御態度を拝して感激おく能《あた》はず、直ちに北村少将に陛下の思召しを伝えるとともに拝謁のため至急上京するように電報させたのであるが、旅団は既に解散されており、少将自身の所在も知ることができず（当時国内混乱のため、この種のことは珍しくなかった）、聖旨を部隊に徹底することができなかったのは、返す返すも恐懼に堪えない次第である。(13)

下級者ほど餓死者の比率が高いという悲劇を演じ、食糧をめぐる軍紀の厳格さを保ったのに、不法な制裁や処刑を行ったこの部隊が、軍紀の厳正さをとくに天皇から賞賛されていたのである。降伏を認めない日本軍の非人間性が、もっとも強く現れたのがメレヨン島だったといえよう。

(4) ウェーク島の飢餓地獄

置きざりにされた孤島の中で、開戦いらいの戦場としてよく知られているのはウェーク島である。面積わずか一〇平方キロメートルの低平な環礁で、もともとはまったくの無人島であった。ただその位置が、ミッドウェーと小笠原の中間にあったので、戦略上の要点であり、アメリカ軍が海空の基地としていた。開戦直後日本海軍がいったん攻撃に失敗したのち、一九四一年一二月二三日、二度目の攻撃で占領し、第六十五警備隊を置いていた。占領後間もない四二年二月二四日、同島は米海軍のハルゼー機動部隊の空襲と艦砲射撃を受けるなど、絶海の孤島であるため、防備に大きな困難が伴っていた。

四二年八月、米軍は南太平洋でガダルカナル島に上陸し、さらにギルバート諸島のマキン島を攻撃した。中部太平洋方面でも米軍の反攻が予想されるため、四二年八月陸軍の配置が決定された。ウェーク島（大鳥島と改名した）には、仏印にあった独立混成第二十一旅団の歩兵第百七十聯隊第二大隊が派遣され、海軍第六十五警備隊司令の指揮下に入った。四三年六月には、同大隊を南海第三守備隊に改編し、砲兵、速射砲、戦車などを増加したが、途中米潜水艦の攻撃で戦車中隊は海没した。

四三年一〇月六、七日の両日、ウェーク島は米海軍モンゴメリー機動部隊の攻撃により、戦死傷三六〇名、飛行機四〇数機、糧秣六カ月分などの大損害を受けた。(14) 大本営はさらに陸軍兵力を増加することにし、独立混成第五聯隊一大隊と、戦車第十六聯隊を同島に派遣した。

四四年一月米軍はマーシャル諸島のクェゼリン、ルオット両島を攻略し、二月にはトラック島を空襲して無力化させた。そして五月二四日ウェーク島を攻撃し、再び大損害を与えた。(15) この空襲で医薬品の大半を焼失したことが、同島守備隊の生存に重要な影響を与えた。

ウェーク島守備の陸軍部隊は、四四年五月二二日付で改編されて、独立混成第十三聯隊(聯隊長近森重治大佐)に統合された。同聯隊は、海軍の第六十五警備隊(司令酒井原繁松大佐)の指揮下に入っていた。このころの人員は陸軍一九三九名、海軍約二〇〇〇名(内軍属約五〇〇名)であった。

四四年六月のサイパン上陸以後は、ウェーク島は戦線の背後にとり残されることになり、陸海軍約四〇〇〇名の守備隊は、補給皆無の中で飢餓との戦いに直面することになった。「ウェーク島は果樹(椰子、パンの木など)も清水もなく、現地自活はほとんど不可能であった」と『戦史叢書』も述べている。残り少ない保有糧秣を減食で食い延ばし、数度の潜水艦によるわずかの補給に頼るだけだった。このため栄養失調による死亡者は半数近くに達したのである。

戦車第十六聯隊長として、四四年一月同島に上陸した八代重矩大佐は、次のように述べている。

> 補給絶無にも近く、給養極めて不良なる環境下に於て一年以上に亘る栄養物資の不足特に含水炭素以外の栄養素の極度の連続欠乏に基因し、昭和十九年五月頃より発生した餓死は昭和二十年に至りては激増し在島人員の四〇％を斃死せしめた。予が本島に上陸した時は、陸海軍兵員総計約四千名居ったが、離島の際には生残者は陸海軍合計二千二百五十に足らず、そのうち戦斗に耐へ得る者約一千二百五十で、他の千名は全部臥床患者であって起居不自由勿論戦斗に耐へず。高砂丸に入院した兵員の一千名は皆此の臥床患者であった。
>
> 死亡患者二千二百名中戦死、戦傷死者は三百を出でず、他の殆んど二千名は病死で而も栄養失調症による死者（餓死者）が大部分である。将来戦の有無は別として、もし将来此の如き状態に陥る場合ありとすれば茲に過去を顧るも徒爾《とじ》でないと思ふ。(16)

はじめ海軍が警備している時期に備蓄していた食糧があったので、減食状態になってからの陸海軍給養状況や餓死者の状態に差があった。『戦史叢書』の状況表によれば、陸海軍それぞれ二〇〇〇名の総人員中、陸軍は戦死八七、戦病死八三四、海軍は戦死二〇四、戦病死五〇六と餓死者は陸軍の方が多くなっている。陸軍の最高指揮官である近森重治大佐はこの点について次のように述べている。

減食は連隊に軍医学校を卒業直後の軍医が居たので之に立案させて学理的に規正した。その結果末期には餓死者が海軍より減少した。餓死者は当初陸軍側が海軍側より遥かに多かった。而も海軍側の餓死者は兵科の者には殆んどなく、施設部の軍属（平素からの大食者）であった。じ後海軍側の方が漸次多くなった。[17]

このような状況のウェーク島では、戦争終結がもう少し遅ければ、全員餓死の運命が待っていたのである。

ウェーク島における死没者は、陸軍九二一名、そのうち栄養失調による病死者は八三四名、戦死者八七名、海軍七一〇名、栄養失調五〇六名、戦死二〇四名となっている。[18]

〔注〕

（1）『戦史叢書・中部太平洋陸軍作戦〈1〉』、一九六七年、八〇～八一頁。

（2）『戦史叢書・大本営陸軍部〈6〉』、一九七三年、二八九頁。

(3)『戦史叢書・中部太平洋海軍作戦〈2〉』、一九七三年、六四〇頁。
(4)「内南洋方面離島状況調査表」軍令部、一〇、四、一四調（防衛研究所図書館蔵）。
(5)前掲『戦史叢書・中部太平洋陸軍作戦〈2〉』、四三九~四四〇頁。
(6)森住卓「日本軍がいた島」（『前衛』一九九五年六月号）。
(7)『朝日新聞』一九九五年六月二六日。
(8)前掲『戦史叢書・中部太平洋陸軍作戦〈2〉』、四四八~四五〇頁。
(9)同前書、五七九頁。
(10)同前書より集計。
(11)メレヨン海軍会編『追悼――メレヨン海軍戦記』、メレヨン海軍会、一九七八年。
(12)前掲『戦史叢書・中部太平洋陸軍作戦〈2〉』、五八三頁。
(13)下村定『単独上奏の思い出』（『偕行』一九六六年三月号）。
(14)前掲『戦史叢書・中部太平洋陸軍作戦〈2〉』、四七一頁。
(15)同前書、四七三頁。
(16)元陸軍大佐八代重矩「大鳥島守備隊に就て」（防研史料）。
(17)近森重治述「大鳥島防衛間に於ける諸問題」（防研史料）。
(18)前掲『戦史叢書・中部太平洋陸軍作戦〈2〉』、四八四~四八五頁。

6　フィリピン戦での大量餓死

(1)　揺れ動く決戦構想

アジア太平洋の戦場で、もっとも多くの戦没者を出した地域はフィリピンである。ここでは約五〇万人の犠牲者を出している。フィリピンの場合、一九六四年三月の厚生省援護局の調査によると、四五年八月一五日の現在兵員数が一二万七〇〇〇、開戦から四五年八月一四日までの戦没者数四八万六六〇〇、四五年八月一五日以後の戦没者数一万二〇〇〇、戦没者の計は四九万八六〇〇となっている。(1) すなわち六一万三六〇〇という大兵力の中の四九万八六〇〇、実に八一％の戦没者を出しているのである。これは大本営が、フィリピンを決戦場だとして、やみくもに大兵力を投入し、しかも決戦に敗北した後も何の策も講ずることなく、この大兵力が飢餓に晒されるのを放置したことの結末だったのである。

四四年六月マリアナ沖海戦で聯合艦隊航空兵力の主力を失い、サイパン島が陥落したことで、絶対国防圏の一角が崩壊した。大本営は四四年七月この状況の下で、フィリピン、台湾、南西諸島、本土、千島列島の線をあらためて決戦線と定めた。そしてフィリピン方面を捷一号作戦、台湾・南西諸島方面を捷二号作戦、本土方面を捷三号作戦、北東方面を捷四号作戦と名付け、この線に連合軍が来攻したときに最後の決戦をするのだとして準備をすすめた。さらにその後の戦況の推移から四四年九月には、フィリピン方面で決戦が起きる公算がもっとも大きいとして、捷一号作戦の準備をすすめた。そのさいフィリピンのどの地域に米軍が来攻しても海空の決戦を行い、陸上の決戦はルソン島で行うと定めた。そして関東軍から転用した現役師団を主とする第十四方面軍（軍司令官山下奉文大将）の主力をルソン島に配備した。しかしこの兵力転用も、順調にはいかなかった。米潜水艦の攻撃などで、輸送船が次々と沈められた。六〜八月の間だけで、人員約一万七〇〇〇名、軍需品四万七〇〇〇立方メートル、隊の貨物九〇〇〇立方メートルが海没した(2)。

四四年一〇月米軍がフィリピン中部のレイテ島に上陸すると、大本営は捷一号作戦を発動し、レイテ島で陸海空の決戦をするという方針転換を行った。現地の山下大将らは計画通りにルソン島での決戦を主張していたが、大本営と南方総軍はレイテ決戦への変更を厳命した。これはレイテ上陸の前の台湾沖航空戦で、米機動部隊に大打撃を与えたという誤認報告に惑わされた結果であった。実際は米機動部隊は健在で、制海・制空権は完全に米軍の手中にあった。そのためレイテ島に突入しようとした聯合艦隊は、空母のすべて、武蔵以下の軍艦多数を失って潰滅的損害を受けた。陸軍はルソン島から急いでレイテ島に兵力を送ろうとして、その多くをむざむざと沈められてしまった。やっとレイテ島に上陸した増強部隊も、装備の多くを失っていた。この方針変更は、結果として多くの兵力を、何の援護もないままに米軍の砲爆撃の中に投入しただけだった。

このためレイテ島では、決戦どころか、上陸した陸軍部隊は、兵器も弾薬も欠乏し、食糧は皆無で飢餓に晒される結果となった。四四年一二月に大本営はレイテ決戦方針をあきらめて、再度ルソン決戦方針へ変更した。しかしすでに第十四方面軍の基幹兵力はレイテに送られており、ルソンでの決戦の実施は不可能であった。四五年一月米軍がルソン島に上陸したとき、山下奉文大将の指揮する陸軍第十四方面軍と、軍艦も飛行機も失った海軍の南西方面艦隊とは、山中に入って持久戦を行うほかなくなっていた。

結局フィリピンの日本陸海軍は、大本営作戦課の気まぐれな作戦指導に振り回され、ルソン決戦からレイテ決戦、さらに再びルソン決戦と方針転換をくりかえした揚げ句、山中での持久戦に追いこまれることになったのであった。第十四方面軍の参謀長武藤章中将は、三七年の日中戦争拡大のときの作戦課長の経験者でもあったが、大本営の作戦指導について、「方面軍、大本営に殉ず」と述べ、さらに作戦課を指導した連中を名指しで、「一体何人殺せば作戦課は気が済むのか」と激怒したという。(3) すべて日米両軍の物的戦力の差を無視して精神力第一主義を振りかざし、その場限りの思いつきで作戦をくるくる変更し、揚げ句の果ては補給をまったく無視して、数十万の将兵を餓死に追いやった大本営の責任は、きわめて重いといわなければならないだろう。

レイテの戦いは、日本陸軍にとって最初で同時に最後ともなった対米軍の決戦であった。だがそれは、あまりにも貧弱な兵力と装備による決戦であった。レイテ戦を指導することになった第三十五軍（司令官鈴木宗作中将）は、もともと中南部フィリピンの広い地域を担当する防衛的な軍で、通信隊も兵站や輸送機関も持たなかった。とても決戦を指揮する軍の陣容ではなかった。急遽投入された兵力の輸送も思うにまかせず、当初輸送に成功した第一師団は、レイテ北部のリモン峠附近で西進してきた米軍と遭遇戦を演じ、それなりの善戦をしたが、第二十六師団以下の増援兵力は輸送船を撃沈されて、戦力の増強に役立たなかった。結局レイテ決戦は掛け声だけに終わり、日本陸軍唯一の対米決戦と呼号された割には、戦力も集中できず、決戦らしい戦闘も展開できずに敗北に終わったのである。

レイテでの犠牲者は、厚生省援護局の五七年の発表によると、七万九五六一名となっている。米軍四個師団の上陸を迎え撃った第十六師団、同師団を突破して西進する米軍と華々しい遭遇戦を演じた第一師団など、他方面に比べて戦闘による死者の比率は高いと思われるが、戦死せず生き残った者の末路は悲惨であった。加登川幸太郎第三十五軍参謀は次のようにいっている。「悲惨を極めたのはレイテ島に残った敗残の将兵であった。レイテは永く自活自戦など出来るところではない。土民が敵であるし、米比軍がいる。住むところも次第に狭められ、次々と消えていった」[4]。このレイテ島での各部隊の末路を次にみてみよう。

(2) 餓死への道程

レイテ決戦に転換してから、次々と増援部隊がレイテ島に投入された。しかし制空・制海権がないため輸送は困難をきわめた。その例として、第二十六師団をみてみよう。同師団は参加将兵のうち九九％が戦没し、生還者は一％にすぎなかったが、九九％の内訳は、レイテ島内の死者が七〇％、海上での死とピサヤ諸島への漂着後の死者が二九％に達した[5]。約三割の兵士が、レイテに着く前に水没してしまったのである。もちろん兵器、弾薬、糧食を運ぶことはできなかった。

こうした困難を冒して、レイテ島に投入された兵員の運命は悲惨であった。一九七〇年刊行の『戦史叢書』では、陸海の作戦兵力七万五二〇〇名、そのうち他への転進約九〇〇名、米軍へ収容された者約八〇〇名、サマール、マスバテ、カモテス諸島の生存者が七〇〇名とされている[6]。つまり残りの七万二八〇〇名、約九七％がレイテの戦没者だとしている。七二年の大岡昇平『レイテ戦記』では、厚生省援護局の六八年五月の概定数字として、陸海の投入兵力八万四〇〇六名中、転進二二四五名、生還者（捕虜）二五〇〇名、残りの七万九二六一名が死者としている。(7) 部隊としてまとまって行動したレイテ島の残存部隊は、第十六師団長牧野中将、第二十六師団の独立歩兵第十二聯隊長今堀大佐らが自決し、ほぼ全員が戦没しているのである。

死者のうち、戦闘行為による戦死者と、餓死栄養失調による病死の詳しい内訳は不明である。しかし、わずかな生還者、つまり米軍に収容され生き残った人たちによって、その凄惨な飢餓の状況が語られている。レイテ島の場合は、他のフィリピンの諸島とは異なり、最盛期は米軍が二五万の大兵力を擁しており、また有力な米比軍のゲリラが活動していて、日本軍の敗残兵は住民部落から離れた山中に追いこまれた。そのため食糧を得る方法がなく、極限の人肉食いにまで走ったのであった。『野火』や『レイテ戦記』でこの問題をとり上げた大岡は、「これはわれわれの良心に最も重くこたえる事実です」と書いている。

激戦場となったレイテ島以外の他の島の場合は、戦死者よりもはるかに餓死者の数の方が多かった。とくに米軍に追われ、陣地を捨てて山中を転進するさいに、大量の餓死者を出したことは、ニューギニアの場合と同じである。二、三の例をあげると以下の通りである。

ミンダナオ島はじめフィリピンの中部南部の諸島には、第三十、第百師団をはじめとする陸軍の守備部隊、それに飛行機を失った陸軍や海軍の航空関係部隊など多くの兵力が存在していた。米軍がレイテ島からさらにネグロス島、ルソン島にすすみ、四五年二月には硫黄島に上陸すると、この地域の日本軍は敵の背後にとり残される状態になった。日本軍は「永久抗戦」の方針で、食糧を自活しながら存在しつづけようとした。しかし米軍はフィリピン解放のためにこの地域にも一部の兵力を使用して掃蕩作戦をつづけた。また、この地域には強大な米比軍のゲリラ部隊があり、日本軍の行動を妨害した。米軍の攻撃を受けて分断され、山中に転進の道を求めたとき、餓死の悲劇に見舞われたのである。

ミンダナオ島西南端の半島突端にあるザンボアンカは、セレベス海とスル海を分ける要地で、二つの飛行場があり、独立混成第五十四旅団（通称「萩」、旅団長北条藤吉少将）と海軍の第三十三警備隊が守備していた。四五年三月八日から米軍の艦砲射撃を受け、三月一〇日アイケルバーガー中将指揮下の米第四一師団が上陸した。四月一日までの激しい戦闘で、萩兵団は六三八名の戦死者を出し、陣地を捨てて半島背稜部を北進し、ミンダナオ島中心部の友軍主力に合しようとした。しかし転進は容易ではなく、部隊は損耗疲労した。途中のアヌンガンで、米軍に遮られ、北条旅団長は、「部隊解散」を命令して自決した。この部隊の残存者は終戦を知って九月二七日に米軍に降伏した。萩兵団の人員五一九四名中四〇二八名が戦没者（そのうち転進開始までの戦死は六三八名だから、残りの大部分は病死）で、この比率はその他の部隊もおおむね同じであった(8)。

ミンダナオ島中央部ブランモ川上流のシラエ附近に複郭陣地を築いていた第三十師団（通称「豹」、師団長両角業作中将）は、四五年四月下旬同川河口のコタバトに上陸した米軍の攻撃を、五月いっぱい持ちこたえていた。しかしこの地域では食糧取得の見込みがないので糧秣豊富なアグサン川流域のワロエ附近に転進しようとし、六月二日師団長は山越えの転進命令を出した。このとき保有糧秣は二週間分で、これで途中の食糧皆無の密林を突破しようとしたのである。

ところが「あに図らんや、二週間で踏破できるであろうとの判断は誤断で、転進に五〇日を要した。しかも、ゲリラの追跡、空襲下の峻山、険峡、密林、湿潤、伝染病源地帯、食糧貧困地帯の転進であった。転進中の将兵の死亡は六〇〜七〇%に達した（歩七四は総員三〇六四名中終戦時生存者五五九名）」という状況で、「第三十師団は総員一万五五〇〇名で、終戦直後には戦死二五一八名、病死二一三七名、生死不明五五九三名、生存者三〇二四名と算定された（生死不明者はそのほとんどが戦病死していた）」[9]と報告されている。

つまり独立混成第五十四旅団も、第三十師団も、転進の途中で最大の犠牲者、すなわち餓死者を出していたのである。

(3) フィリピン戦の特徴

フィリピンの日本軍戦没者約五〇万は、戦場別にすれば最大である。レイテ島はじめ激烈な戦闘が展開されたのだが、それでも純然たる戦死者よりも、栄養失調を原因とする病死、餓死の方がはるかに多かった。もちろん正確な戦死と病死の割合は明らかにされていないが、ここでとり上げたいくつかの例でも、戦死よりは戦病死の方がはるかに上回っている。

最後の参謀本部第二部長有末精三中将は、敗戦直後のアメリカ側の質問「フィリピン方面の死傷者数の割合と、最も猖獗《しようけつ》を極めたのは何か」にたいして、「七、八割が病気でしたと思ふ。「マラリヤ」病と栄養失調である」と答えている。(10)また戦後の一九五七年になって援護局がまとめた「比島方面作戦経過の概要」(11)では、「比島作戦の特質」の一つとして「病餓死に依る損耗が多大であった」ことをあげて、次のように述べている。

作戦全期間を通じ病餓死に依る損耗は戦死、戦傷死に依る損耗を上廻った。
前述の食糧不足に起因して栄養失調患者が多発し、加ふるに熱帯性(悪性)マラリヤ、アミーバ赤痢、慢性下痢等が続発したが、作戦準備の不充分により薬物も殆んど入手し得なかった為、病餓死に依る損害が多大であった。

つまり敗戦直後の軍中央の認識でも、十数年経った後の援護局の調査結果でも、戦死より病餓死が多いとされているのである。

もう一つのフィリピン戦の特徴は、輸送船が沈められて水死したと思われる犠牲者が多いことである。厚生省の一九五八年の調査では、北部フィリピンで二万一〇〇〇名、中部フィリピンで九〇〇〇名、合わせて三万名の海没死があったとしている。[12] これもフィリピン戦の作戦としての誤謬を示す見逃せない数字である。

(4) 住民への加害行為

フィリピン戦がガダルカナルやニューギニアの場合と大きく異なっているのは、戦場に多数の住民が生活していたこと、すなわち人口稠密な地域であったことである。このため住民を巻きこんだ戦闘が行われただけでなく、飢えた日本軍が住民の食糧を奪い、さらにその生命までも奪うという大規模な住民虐殺が多発したことがこの戦場の特徴であった。

その原因の一つとして、日本の支配にたいして、フィリピン民衆の抵抗が強く、米軍の支援もあって、活発な対日ゲリラ活動が展開されたことがある。アメリカのフィリピン統治は、教育の普及と経済の資本主義化をすすめることにあり、一九三五年には独立準備政府を発足させていた。日本軍の進攻に当たって、フィリピンではビルマやインドネシアのようなこれに呼応する動きはまったく見られず、民衆は日本軍の軍政にたいしても抵抗した。四二年八月のネグロス島の蜂起に始まり、全島にゲリラが活動し、歩兵第九聯隊長武智大佐が殺されるなど、その戦力は無視できなかった。米軍はゲリラを組織的に指導し、潜水艦で武器や通信機を送りこんでいた。『戦史叢書』も「むすび」に「治安確保の問題」として、次のように述べている。

マレーも、ジャワも、ビルマも、攻略作戦が終わったあとの、治安確保には大きな顧慮はいらなかった。これに反して比島は、米比軍のゲリラが横行して治安が乱れていた。コレヒドールを攻略し、全比島の米比軍主力の降伏をみた五月には、他の南方諸地域では、軍政が浸透しはじめていた。比島は占領後の治安の確保が十分でなく、軍政の浸透も困難であり、これが他日、米軍来攻に際し、比島防衛に大きな障害をなすようになった(13)。

つまりフィリピンでは、ゲリラとの闘いが占領統治の大きな課題だったのである。このため日本軍と住民とは敵対関係にあり、米軍の来攻以前から住民虐殺が行われていた。米軍の上陸によって追いつめられた日本軍は、いっそう住民にたいする敵意を募らせ、住民の食糧を奪い、ついには住民を殺して、その肉まで食べたのであった。

日本軍によるフィリピンの住民虐殺については、戦後に日本の民間人による調査がなされ、被害者の証言も数多く残されている。石田甚太郎は、四三年の日本軍のパナイ島の討伐、米軍のルソン島上陸後の四五年二月から三月にかけてのラグナ州とバタンガスの虐殺、同年四月から五月にかけてのケソン州インファンタの虐殺などを取材し、『ワラン・ヒヤ――日本軍によるフィリピン住民虐殺の記録』を書いた。[14]

また立教大学の学生だった上田敏明は、大学のフィリピン・キャンプに参加して、日本軍の住民虐殺の事実をはじめて知り、大きな衝撃を受けた。それから五年間、主としてルソン島での綿密な聞き書きの作業をつづけ、『聞き書きフィリピン占領』[15]という著作を刊行した。その内容は、日本軍の最大多数の兵力が存在したルソン島で、自活のために住民の食糧を奪い、抵抗する住民を殺し、多数の虐殺の実行者となっていった経緯を、もっぱら被害者側からの聞き書きによってまとめたものである。

石田、上田の本からもフィリピンにおける日本軍が、生存をかけた極限状況の中で、住民と敵対し虐殺の行為者となっていった経緯が明らかにされている。現在にまで解決すべき課題として残されている歴史の遺産というべきであろう。

〔注〕

(1)『戦史叢書・捷号陸軍作戦〈2〉』、一九七二年、六八七頁。
(2)『戦史叢書・捷号陸軍作戦〈1〉』、一九七〇年、一五三頁。
(3)堀栄三『大本営参謀の情報戦記』、文藝春秋、一九九六年、二三四頁。
(4)加登川幸太郎『陸軍の反省(下)』、文京出版、一九九六年、一五九頁。

(5) 前掲『戦史叢書・捷号陸軍作戦〈1〉』、四三二頁。
(6) 同前書、六四一頁。
(7) 大岡昇平『レイテ戦記』、中央公論社、一九七二年。
(8) 前掲『戦史叢書・捷号陸軍作戦〈2〉』、六四四頁。
(9) 同前書、六七四頁。
(10) 有末精三中将「比島作戦に関する質疑及回答」(防研史料)。
(11) 厚生省引揚援護局「比島方面作戦経過の概要」(防研史料)。
(12) 前掲『戦史叢書・捷号陸軍作戦〈2〉』、六八八頁。
(13) 『戦史叢書・比島攻略作戦』、一九六六年、五六二～五六三頁。
(14) 石田甚太郎『ワラン・ヒヤー——日本軍によるフィリピン住民虐殺の記録』、現代書館、一九九〇年。
(15) 上田敏明『聞き書きフィリピン占領』、勁草書房、一九九〇年。

7　中国戦線の栄養失調症

(1)　世紀の大遠征

太平洋の孤島や南方の密林とは違って、人口稠密で物資の豊富な中国戦線では、餓死者などは生じなかったと思われやすい。しかし、敗戦前二年間の中国戦場では病死者は戦死者を上回っており、その死因は栄養失調か、栄養失調と不可分の関係にあるマラリア、赤痢、脚気などだった。直接または間接に補給困難による飢餓と栄養失調が体力を消耗させ、多数の病死者を発生させたのである。

一九九四年暮に、長尾五一軍医中佐の遺著『戦争と栄養』(1)が刊行された。この本は、軍医として戦争栄養失調症の研究に携わっていた著者が、戦後に「戦場の悲惨な事実を記録に残しておく」ために、五五年にガリ版刷りでまとめて、各地の図書館や大学に送ったものである。その中の一冊が、長崎大学の図書館に残っていたのを原本として、戦後五〇年を前にあらためて刊行されたのである。

長尾軍医は、陸軍軍医学校で戦争栄養失調症の調査研究に当たっていたが、四四年五月に支那派遣軍総司令部付となり、著者のいう「華中大作戦」の中の「SK作戦」を調査した結果をまとめた。SK作戦というのは、一号作戦と名付けられたいわゆる大陸打通作戦の中の湘桂作戦のことである。著者によれば、「酷熱多湿なるうえ敵機の跳梁、道路の破壊等により補給は予定の如く行われず、敵味方の大軍により現地物資は消費し尽され、将兵の疲労言語に絶するものがあった(2)」とし、四四年五月下旬から一一月下旬までの六カ月で、戦死一万一七四二名、戦傷二万二七六四名にたいし、戦病六万六五四三名を出したが、戦病による死亡率は著しく高いという特徴があったとしている。例えば戦争栄養失調症と診断したものの死亡率は、九八％に達している。

その上で具体的な檜兵団（第六十八師団）の場合をとって、野戦病院の入院患者六一六四名中死亡者二二八一名で、死亡率三七％だとし、入院患者の主要死亡状況やその比率を調査している(3)。それによれば、死亡者の多い順に赤痢七二四名（四一・八％）、戦争栄養失調症三七八名（二二％）、戦傷二四〇名（一三・九％）、マラリア一四二名（八・二％）、脚気一一八名（六・八％）だとしている。そして赤痢、マラリア、脚気による死者も、栄養失調による衰弱が加わって死に至ったものだとしている。

野戦病院での死亡率が高いのは、病院での給養が悪いからであった。戦傷者の場合も栄養状態が悪いため治癒率がきわめて不良であった。その一方で、入院させないで在隊のまま死亡する戦病者も多かった。同書では、「極兵団（第二十七師団）は五月二六日より九月三〇日まで在隊死亡者二六二名で、総戦病者二八五六名の九・二％に相当している。（平常では入院もせしめず死なすことは軍医の不名誉であった。）この原因は、戦争栄養失調症の増加と、行動中においては長途を担送せねばならぬので衰弱するのと、衛生材料が不足していたので、脚気衝心様患者を救い得なかった場合が少なくなかった」[4]と記述されている。

長尾軍医は、華中大作戦で、戦死者以上の戦病死者を出したことをくりかえし述べている。とくにその大部分が戦争栄養失調症であること、「指揮官幕僚の頭は第一戦兵力に注がれて、後方を顧る余裕がなかった」ことを歎いている。そして、「以上のような戦争栄養失調症発生環境の悲劇を充分味わっていた軍医たちは、本病で死亡した兵の家族に思いを致すと、この病名を付けるのは忍びないと洩らしていた。なお食を求めんとして求め得ず、餓鬼道に陥って死亡した者も少なくない。某病院で数名の栄養失調症患者が臥床していた所、食餌として与えられた一椀の粥を隣の患者より奪わんとし、仮眠中を利し絞殺しようと喉を絞めかけた所、相手に気付かれ、逆に反抗を受けて却って加害者が頓死した実例がある」[5]という事例までとり上げている。

長尾軍医の『戦争と栄養』が対象とした一号作戦は、大陸打通作戦とも大陸縦断作戦とも呼ばれる大作戦である。「今日静かに地図を展いて追想するとき、大東亜戦争の一こまにすぎぬ一号作戦も、まことに世紀の一大遠征たるの感が深い(6)」と大本営陸軍部の作戦課長としてこの作戦を計画し、最後は自らも第一線の聯隊長として作戦に参加した服部卓四郎は書いている。黄河を渡り京漢線を打通し信陽まで四〇〇キロ、さらに粤漢線、湘桂線を打通して仏印まで一四〇〇キロに及ぶ長大な区間を、一六個師団、五〇万の大軍を動かした、日本陸軍始まっていらいの大作戦であった。

だが太平洋方面の戦局が危機的状況に陥っている段階で、これだけの大兵力と軍需資材を使い、莫大な犠牲を払ったこの作戦は、一体何を目的として企てられたのだろうか、作戦目的自体が、計画の段階から二転三転している。はじめは中国軍に徹底的に打撃を与え、その本拠地重慶を攻略すること、中国大陸を縦断打通し、海上交通の不安に代わって、シンガポールに至る陸路連絡を確保すること、中国奥地にある米軍航空基地を占領して本土空襲の危険を避けることなど、数多くの目的が掲げられていた。それが最終的には、補給の困難、資材の不足、その他の諸事情から航空基地覆滅の一目的に絞られた。しかし四四年六月のサイパン陥落以後、マリアナ諸島の基地が整備されると、この作戦目的の意義は完全に失われた。実際に桂林、柳州や遂川、南碓などの飛行場群に、日本の歩兵が数百キロを踏破して到達したときは、Ｂ29はマリアナに移駐した後のもぬけの殻で、使い残りの爆弾と食べ残りの食糧が倉庫に転がっているだけだったのである。

付図第６　一号作戦（大陸打通作戦）要図

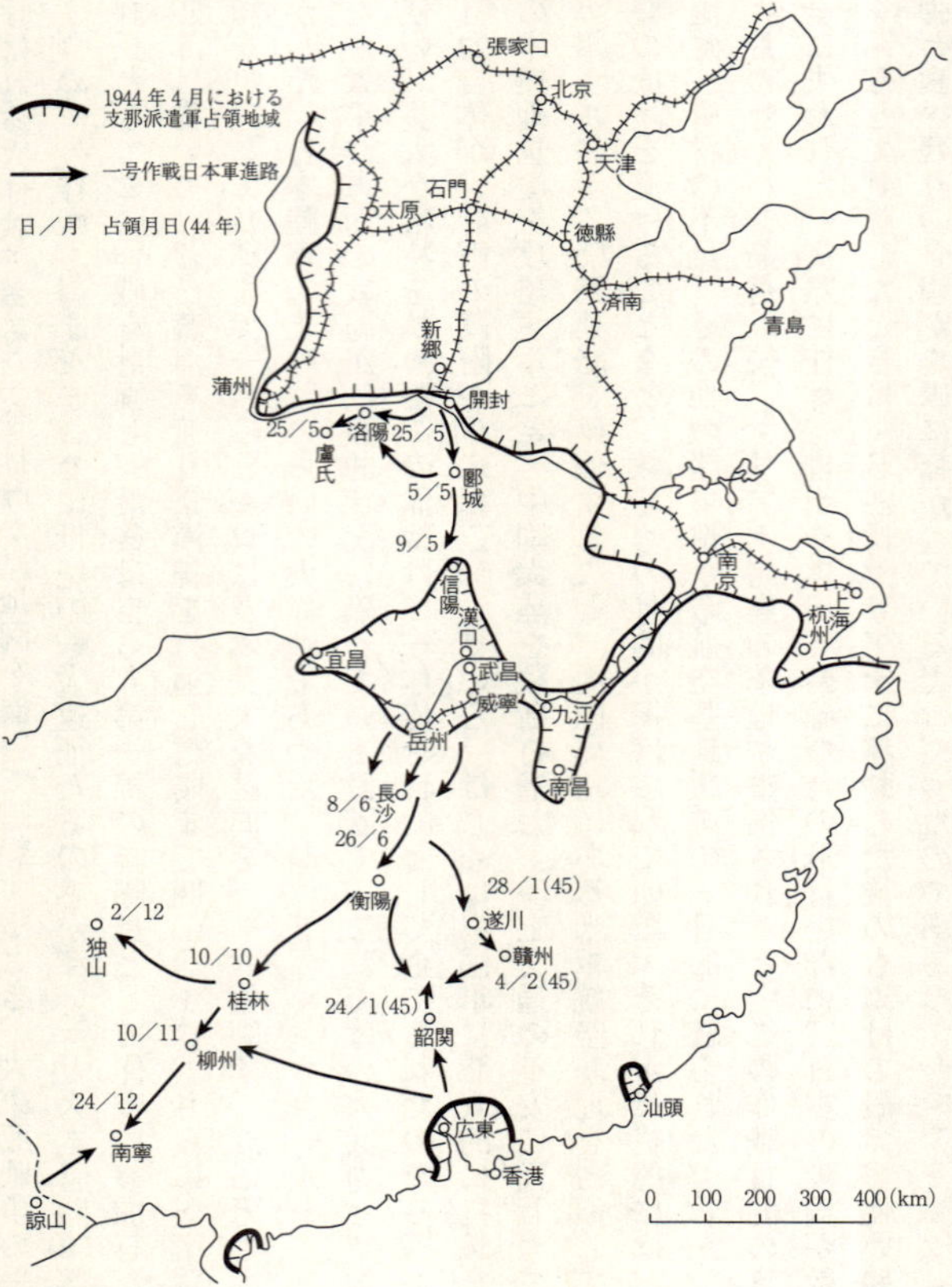

著者作成。

もともと太平洋方面に絶対国防圏を設置して来攻する米軍に決戦を求めようとしているときに、莫大な兵力、資材を注ぎこむ大陸打通作戦を計画することは無理だったのである。そして最後に残った唯一の作戦目的が米空軍基地攻撃となっていたのに、それがまったく無意味となっても、まだ湘桂作戦を中止せずに実行したのである。四四年九月の陸軍中央部では、陸軍省の全部、参謀本部では第一部を除き、総長、次長を含めて全部が、桂林柳州攻略が補給の点からインパールの二の舞となることを憂慮し反対なのに、第一部長真田少将、作戦課長服部大佐が初志を変えずに断固として実行したのだと『戦史叢書』は書いている。(7) 作戦担当者は、全般戦局との関係を無視し、自ら立案した壮大な作戦計画に酔っていたとしか考えられない。補給の困難が作戦の支障になることを考えなかったのであろうか、そして長尾軍医の言葉を借りれば、「かくて将棋でいう歩となった者が、無駄な犠牲に供されねばならなかった(8)」のである。

また、この大作戦の立案者でありかつ推進者でもあった服部卓四郎は、大兵力を運用できる中国大陸での大作戦にたいして、かねてから構想を練っていた。四二年春に南方攻略作戦の見通しがついた段階で、大本営の作戦課長としての服部は、大規模な重慶進攻作戦を実行して国民政府にとどめを刺し、日中戦争を終わらせようという構想を立て、北支那方面軍を黄河を渡って西安に進攻させ、さらに同軍を泰嶺山脈を越えて四川省にすすめ、派遣軍の主力は長江沿いに四川省を目指すという、重慶進攻作戦の構想を思いつき、これを総軍に示して研究を命じたのである。戦争全体の局面からみれば無理な作戦だが、当の派遣軍や北支那方面軍は色めき立って研究に着手した。結局この重慶作戦は、太平洋方面での米軍の反攻が急なのと、ガダルカナルの敗戦で服部が作戦課長を罷めたので立ち消えとなっていた。それが服部が作戦課長に返り咲くと、太平洋の戦線が危急を告げているにもかかわらず、再び大陸での大作戦構想が頭をもたげてくる。

四三年一二月末、服部新作戦課長の統裁の下に、陸軍の全般作戦指導に関する兵棋演習（虎号兵棋）が実施された。これは四四年度を東守西攻の年とし、太平洋方面で持久をはかるとともに、大陸打通作戦を完遂するというものであった。加登川はその著の中で、「奇怪な、「虎号兵棋」」[9]という節を立てて、対米決戦を控えて重点を分散させる服部の中国戦線への執念を批判している。だがこの作戦課長の執念が、「世紀の大遠征」を実現させることになったのである。

(2) 架空の兵站線

人員約五〇万、馬約一〇万、自動車一・五万をもってする大陸打通作戦では、この大部隊を支える兵站補給の支援が確保されることが不可欠の条件である。だがその計画はあまりにも安易で独善的であった。この時期、中国戦場でも制空権はすでに在中国米軍にあり、河川や湖沼での舟艇の運航は妨害を受けた。すでに自動車用のガソリンはきわめて不足しており、しかも道路は中国側によって徹底的に破壊されていた。鉄道の破壊はさらに徹底しており、これを復旧する資材も不足し、占領地域内の支線の線路をはがして持っていくしかないというありさまだった。

湘桂作戦開始に当たって、第十一軍が立てた兵站補給の方針は以下の通りである。衡陽攻略までの第一期作戦では、湘江の水路、および岳州―長沙―衡陽道を甲兵站線とし、別に東方山中の崇陽―通城―平江―瀏陽―株州道を乙兵站線とし、甲乙兵站線を自動車道として構築する。衡陽から桂林、柳州攻略までの第二期作戦では、自動車道を利用するとともに、衡陽までの重列車輸送を開通させ、それ以降もなるべく鉄道を無傷で占領し軽列車を開通させるというものであった。

第一期作戦の地域、とくに新墻河から長沙に至る地域は、たびたび日本軍の進攻作戦に晒されており、鉄道、道路の破壊は徹底していた。路盤までが撤去されて水田に化しているところが多く、ここに短期間に自動車道を構築するなど不可能に近い仕事だった。甲兵站線の設定には第一工兵司令部、独立工兵第三十九、同四十一聯隊、独立工兵第六十一大隊などが当たったが、乙兵站線は戦略兵団の第二十七師団が担当させられた。

水田の中で道路構築に従事している工事中の部隊も、開通した地点を先頭にして数珠つなぎになっている輸送部隊の自動車も、空襲の格好の目標になって損害を出した。工事は遅々としてすすまず、部隊の疲労は増すばかりだった。乙兵站線の構築状況は次のようなものであった。

崇陽、平江間（通城、南江経由一三二・五粁《キロ》）は平地を除き山地を通ずる道路で、一般に車両部隊の通過には適しないと観察された。また大きな坂路はないが、至る所水田と湿地で豪雨が一度降れば、小流はたちまち氾濫して道路は泥濘と化し深さは膝を没する。交通は途絶し、某自動車聯隊は一日中臂力《ひりょく》で車を押し、行程わずかに一～二粁ということさえあった。諸所にある橋梁は橋脚が高く修理も困難であったが、ただ水深は浅く両岸に斜坂をつくることによって通過できる場合もあった。

兵站線の構成は、第三師団の通過後第二十七師団のその作業力が期待されたが、特別の器材もなく師団が連日平均実働五〇〇〇人の作業力を充当したものの満足な作業は実施できなかった。その先頭は六月七日現在丁家沖（通城南西九粁）に、六月十二日現在ようやく徐家嶺（通城南西一八粁）に達しただけであった。[10]

第二十七師団の一カ月間の悪戦苦闘にもかかわらず、六月二五日、師団が軍命令で工事を中止して平江を出発したとき、兵站部隊の一二〇〇輛の自動車は、先頭がようやく平江東北二四キロの梅仙に達しただけで停滞していた。結局軍は、六月末に乙兵站線の撤去を決定し、道路構築は無駄に終わったのである。

　実をいうと私は、第二十七師団の支那駐屯歩兵第三聯隊第三中隊長としてこの作戦に参加したので、その体験をつけ加えておく。せっかく満州からの遠路をたどりついた大作戦での任務が、道路補修と知ったときはがっかりした。だがこれも命令であり、しかも各部隊ごとにノルマを割り当てられるので、必死に取り組むほかはない。ところが歩兵部隊なので、工事の器材としては、各兵が背嚢につけている円匙《えんぴ》か十字鍬、つまり小型のスコップか鍬しかない。徴発したスコップやつるはしが少々渡されただけで農民が使っている天びん棒や籠を探して土を運ぶのがやっとだった。

　しかも図上で補修することになっている道路の現状は、原形をまったくとどめないほどにズタズタに切断されており、水田に化してしまっているところさえ少なくなかった。もちろん川の部分では橋は跡形もなく破壊されている。雨が降れば一帯は泥沼と化し、しかも昼間は制空権がないため、頻繁に空襲を受けるので、いくら人力の限りを尽くしても、作業は遅々としてすすまなかった。

　この間に作業に従事した兵の体力の消耗は甚だしかった。兵站線の先頭の近くだからといって、やっとわずかな主食が補給されるだけで、その他の食糧は徴発によらなければならない。だがこの地域は、戦場慣れをした第一線の第三、第十三の両師団が散々に荒らして通った後で、どの部落もまったくの廃墟と化して何一つ残っていなかった。この期間の肉体的疲労が、後に多数の栄養失調死者を出す原因となっている。

このような無謀な計画を、どうして上級司令部が立てたのであろうか、地図の上に道路の線が引いてあっても、現状はどうなっているのか確かめたであろうか。また部隊が泥まみれで苦闘しているとき、一人の参謀も現場を視察には来なかった。実は私は後で知ったことだが、支那派遣軍が大本営の命を受けてこの大作戦の計画を立てたとき、総軍の参謀部第三課の課長（兵站課長）は辻政信であった。地図の上に兵站線の経路を引いたとき、現地の実状はどうなっているか確かめたのだろうか。架空の兵站線計画に振り回されて、大きな苦労を味わされた「歩」の一人として、疑問を禁じ得ないのである。結局この乙兵站線構築は大きな犠牲を払いながら、まったくの無駄働きに終わったのであった。

(3) 補充員の苦難

作戦が長期間にわたり、第一線部隊の損耗が激しくなると、次々に内地の補充部隊から補充員が送られてくることになる。警備のため駐屯している部隊への補充の場合とは異なって、作戦行動をつづけている第一線部隊への補充員は、兵站線に沿って行軍しながら部隊を追いかけるのである。ところが華中、華南の広大な地域にわたって展開された大陸打通作戦では、既述のように兵站線の設定が十分に行われていたわけではなく、前線の兵団への補給もほとんど行われなかったほどだから、補充員への給養はきわめて不十分であった。このため補充員は食糧を自分の手で徴発しなければならなかった。しかもその行程は、すでに第一線部隊がさんざん荒らし回った後だから、食べられるものは何も残っていないという状況で、第一線の部隊以上に、後方からすすむ補充員は飢餓に苦しんだのである。『戦史叢書』は、補充員の状態を次のように記述している。

> 補充員に関しては、「一号作戦」といえば直ちに「補充員」を連想させたほどの問題を生じていた。中部太平洋、豪北、南西への補充の途絶や、適令低下その他による徴兵数の増加や大陸打通作戦の意義などから、中央部は一〇万を越える補充員を第六方面軍地域に陸続と送っていた。これら補充員は未教育兵であり、ほとんど兵器を携行していなった（ママ）。これら補充員の進路は泥濘の悪路であり、食糧の集積も乏しく、かつ敵の制空下にあった。この状況において、これら補充員は敵機に暴露することを避けつつ、危険を冒して本道から遠く側方に入って糧秣を収集し、本道に復して進む、食が尽きればまたこれを繰り返す行動をとった。かくて、これら補充員は著しく減耗しており、その前進は遅々としていた。[11]

第一線部隊がはるか遠い奥地を前進しており、補充員が後方から無統制に追いすがっていく。しかも兵站線がきちんと設定されず、補給がつづかないため、第一線部隊も補充員も徴発をくりかえしているという状況は、一九三七年の南京攻略戦にも表れている。三七年八月いらいの上海の戦闘で上海派遣軍は三カ月間の激戦によって多数の損害を出した。一一月初旬の杭州湾上陸によって中国軍が退却すると、日本軍が後方補給を無視して南京に向かって突進し、一二月一三日南京を占領、大虐殺事件を起こした。このとき上海での損害補充のために、各部隊の補充員が次々に送られた。そのため上海から南京への江南の大地は、突進する第一線の後を追う行李や輜重などの後方部隊のほかに、これら各部隊の補充員で溢れた。しかも補給がないため、各部隊も補充員も、日々の食糧をすべて徴発という名目の掠奪で賄ったのである。

一例として幕府山の捕虜大量殺害の当事者となった第十三師団の歩兵第六十五聯隊の場合をあげる。この聯隊は、会津若松の歩兵第二十九聯隊補充隊で編成された特設部隊であった。一九三七年九月九日に動員が下令され、編成完結後九月二五日会津若松発、九月二九日大阪で乗船し、一〇月三日上海上陸、直ちに上海北方の激戦場に投入され大きな損害を出した。一一月中旬より追撃に移り、一二月一四日南京東北方の幕府山附近で一万数千の捕虜を捕まえ、一六、一七日にかけて捕虜を処分したのである。この聯隊への補充員は、第三次補充員が一一月一八日会津若松発、一一月二三日宇品出帆、一一月二九日上海に上陸、それから行軍で一二月六日に江陰でようやく聯隊に追及した。第四次補充員は一一月二二日会津若松発、一一月二七日宇品発、一二月一二日呉淞上陸、以後行軍をつづけて一二月一八日に虐殺死体整理中の聯隊に追及した。[12]この連隊の兵士たちの日記をみると、上海から南京への道中は、毎日が食糧徴発の記録である。それが兵士たちの最大関心事だったからである。

この歩兵第六十五聯隊が属する第十三師団は、南京戦からさらに武漢攻略戦に従い、それ以後ずっと第十一軍の中核兵団として武漢地区にあり、四四年の湘桂作戦でもその先頭に立った。そして同年一二月には貴州省独山に達し、日中戦争中もっとも深く中国奥地に進入した部隊となった。最後の聯隊長は、大本営作戦課長から転じた服部卓四郎である。この聯隊の第五一次補充員は、四四年六月一二日会津若松発、六月一四日下関出帆、釜山から朝鮮・満州経由で兼子中尉以下一六七八名が半年かかって一二月二〇日広西省河地の聯隊に到着した。第五二次補充員に至っては、四四年六月一五日会津若松出発、六月二三日博多出帆、朝鮮・満州経由で、小泉中尉以下六八〇名が貴州省六墟の聯隊に到着したのは、実に翌四五年一月一五日であった。[13]

それでもこれはまだ本線にたどりつくことのできた場合である。私の聯隊である『支那駐屯歩兵第三聯隊戦誌』[14]には、「途中で消えた精鋭一〇〇〇名」という記事が載っている。これは四四年一一月はじめに「昭和一九年徴集」の初年兵を迎えるため、湖南省茶陵を出発した補充要員引率者の記録である。この初年兵は、東京、山梨などの出身者で、内地を出発して江西省の九江で引率者と出会った。そこで教育を受けた後四五年三月に佐藤少尉を輸送指揮官として初年兵約一〇〇〇名が九江を出発、船は危険なので行軍で武昌へすすみ、さらに粤漢線沿いに南下し、六月中旬に湖南省衡陽にたどりついた。ところがここで補充員は全員新設の第百三十一師団に転属を命ぜられ、さらに南下をつづけて七月中旬ようやく広東省の韶関についた。このときすでにもとの聯隊は、広東省からまた北上して江西省へすすんでいたので、初年兵一〇〇〇名は途中で消失したことになる。その間の初年兵の体力の消耗と犠牲者の数は示されていないが、かなりのものであったろう。

このような補充員の行軍途中での損耗は相当の数に上っているはずだが、その性質上記録が十分でない。その損耗のほとんどは栄養失調による病死であったろうと推測される。

(4) 中国戦線での死因

厚生省の調査による中国での日本軍人の戦没者の総数は、満州、台湾を除く中国本土で四五万五七〇〇人となっている。これは一九三七年の日中戦争開始いらいの総数である。また敗戦後この地域から日本国内に帰還した人数は一五二万八八八三人で、これは陸海軍人、居留人を含む総数である。(15) この中で支那派遣軍、すなわち陸軍の軍人軍属は約一〇五万人とされている。三七年から四五年まで八年間の交戦期間中、日本軍の入れ代わりは激しく、軍の隷属系統もたびたび変化した。また軍人、軍属、一般居留民の区分も正確でなく、現地で除隊する者もあったので、以上の数字がすべて正確であるというわけにはいかない。

中国戦線の死没者がもっとも集中したのは最後の二年間であったこと、またそこで戦死よりも病死がはるかに多かったことは、第1節（本書一四頁以下）で述べた通りである。その状況は四五年に入ってさらに深刻になっていた。中国戦線での最後の作戦となった第二十軍の芷江作戦の場合をみてみると、四五年四月から六月の三カ月間の死者の内訳は次の通りである(16)。

戦死	六九五	（二二％）
戦傷死	三二二	（一〇％）
戦病死	二一八四	（六八％）
合計	三二〇一	（一〇〇％）

なお第二十軍軍医部の戦死・戦病死者別一覧表には、以下のような注が付いている。

「次巻において記述予定の湘西作戦（通称芷江作戦）では、戦死二・四％、戦傷四・八％、戦病九・六％、計一七％で、その比は一対二対四であった。また米機の攻撃は熾烈を極めたが、これによる戦死者は地上火器による戦死傷の約一六分の一にすぎない。なお第二十軍の統帥発動以来終戦までの各種比率はおおむね次の通り。戦死、戦傷、戦病死、おおむね四対五対九一。総人員にたいする戦死、戦傷、戦病死、おおむね三・一対四・八対八一・二」[17]。なお次巻にこの数字は記載されていない。

ここで注目すべきなのは、戦傷死が意外に多いことである。負傷した後に繃帯所や、野戦病院で死亡する者が多かったことは、患者の給養がきわめて悪かったことと無関係ではない。これも広く餓死の分類に入るのである。圧倒的に多い戦病死の詳細な内訳は不明である。しかし病気の大部分が長期間の不十分な給養で、栄養失調状態にあって病気にたいする抵抗力を失っていたため、戦病死に至ったことは、長尾軍医の『戦争と栄養』が指摘している通りである。著者も中隊長として部下を戦傷や戦病で野戦病院に後送すると、ほとんど死んでしまうという体験をしている。このことを知っているため、兵は負傷しても野戦病院へ送られることを嫌がり、迷惑をかけないように頑張るから、このまま隊に置いてくれと懇願するようになっていた。つまり病院送りは餓死に通じていたのである。

こうした状況からみて、中国戦線でも、四五万の戦没者の過半数が戦病死、それも給養不足に基づく栄養失調や、それが原因での体力の消耗による広い意味での餓死であったということができよう。

〔注〕

（1）長尾五一『戦争と栄養』、西田書店、一九九四年。
（2）同前書、五〇頁。
（3）同前書、五二〜五六頁。
（4）同前書、五一頁。
（5）同前書、八三頁。
（6）服部卓四郎『大東亜戦争全史3』、鱒書房、一九五三年、二四八頁。
（7）『戦史叢書・一号作戦〈3〉』、一九六九年、六九七頁。
（8）前掲、長尾五一『戦争と栄養』、八一頁。
（9）加登川幸太郎『陸軍の反省（下）』、文京出版、一九九六年、一三一〜一三三頁。
（10）『戦史叢書・一号作戦〈2〉』、一九六八年、一六五頁。
（11）『戦史叢書・昭和二十年の支那派遣軍〈2〉』、一九七三年、四六二〜四六三頁。
（12）小野賢二・藤原彰・本多勝一『南京大虐殺を記録した皇軍兵士たち――第十三師団山田支隊兵士の陣中日記』、大月書店、一九九六年、一四頁。
（13）前掲『戦史叢書・昭和二十年の支那派遣軍〈2〉』、四七五、四七八頁。
（14）望月甚一郎「途中で消えた精鋭一〇〇〇名」（支駐歩三会『支那駐屯歩兵第三聯隊戦誌』、一九七五年、六五二〜六五五頁）。
（15）『戦史叢書・昭和二十年の支那派遣軍〈2〉』、一九七二年、五八三頁。
（16）同前書、三五七頁。

(17)『戦史叢書・昭和二十年の支那派遣軍〈1〉』、一九七一年、一七九頁。

8　戦没軍人の死因

(1)　戦没者の総数

第二次大戦（日中戦争を含めてアジア太平洋戦争）における日本軍の戦没者の総数、その中での戦死、戦病死などの割合は、戦争が日本の敗北に終わったこともあって、正確に数えることはきわめて難しい。多くの戦場が玉砕に終わるか敗退してしまったので、記録がほとんど失われている。さらに降伏の直後に、戦争犯罪の追及を恐れて、組織的に関連書類の大量焼却が指令された。このため陸海軍の各部隊どころか、市町村役場の兵事関係書類まで焼いてしまったところも多い。軍事と戦争に関する史料が、根こそぎ破棄されてしまったのである。このため戦没者の数にしても、数字に大差がある状況で、戦後日が経つにしたがって、調査がすすみその数が増えていくという状況にある。

調査不十分の結果もあり、敗戦直後の一九四五年九月の第八八臨時議会に東久邇内閣が報告した数字は、太平洋戦争の死者陸海軍人五〇万七〇〇〇人、一般国民の死者二四万一〇〇〇人、合計七四万八〇〇〇人という少ないものであった。その後調査がすすむにつれて数は増えつづけている。七七年に厚生省援護局があげた数字では、三七年七月いらいの日本の戦没者は、軍人、軍属、准軍属合わせて約二三〇万名、外地の一般邦人死者数約三〇万名、内地での戦災死亡者約五〇万名、合わせて約三一〇万名となっている。(1)

この軍人軍属の戦没者二三〇万名という数字は、それより一三年前の六四年に、厚生省援護局が公表した地域別陸海軍人戦没者数(2)の合計二一二万一〇〇〇名よりは約一八万名多いが、それは後の調査の増加分を含んでいるからであろう。この地域別陸海軍人戦没者数を次に掲げる。

この数字は、地域別ではこれより新しい公式数字はないが、一九七七年の数字より約一八万名少ないだけでなく、地域によっては現在判明している数よりも過少である。

日本人全体の戦没者総数についても同様である。政府はそれ以後、ずっと戦争の犠牲者三一〇万人という数を使いつづけているが、原爆による犠牲者だけについてみても、毎年その数は増えつづけているのだから、この数ももっと多く修正されるべきであろう。調査をいっそう重ねて、正確な数に近づく努力が必要である。

この日本人の死者数三一〇万、そのうち軍人軍属の戦没者二三〇万という数字は、その後日本政府が、毎年八月一五日の戦没者慰霊祭などの場合に、公式にいいつづけている数

地域別陸海軍人戦没者数（厚生省援護局 1964 年調査より集計）	
日本本土	103,900
小笠原諸島	15,200
沖縄	89,400
中部太平洋	247,200
仏領インドシナ	12,400
タイ	7,000
マレー・シンガポール	11,400
ビルマ（含インド）	164,500
アンダマン・ニコバル	2,400
ボルネオ・スマトラ・ジャワ・セレベス	33,200
モルッカ・小スンダ（含西ニューギニア）	57,400
フィリピン	498,600
東ニューギニア	127,600
ビスマルク諸島	30,500
ソロモン群島	88,200
朝鮮	26,500
旧満州	46,700
中国本土	455,700
台湾	39,100
樺太・千島	11,400
ソ連	52,700
合計	2,121,000

字である。この戦没者数には、朝鮮、台湾などの植民地出身者約五万人が含まれているので、正確にいえば日本人の死者総数ではない。また実際にはこの数字は過少だという批判がある(3)。

また日本人の死者数だけをとり上げるのも公平ではない。日本の侵略の対象となったアジア諸国の膨大な戦争被害に目を向けなければならないだろう。ただしアジア諸国民の死者数については、日本人の場合以上に正確な資料に乏しく集計も困難である。何の数字も発表されていない国もあるという状況の中で、最大の被害国である中国では、抗日戦争期の軍人の死者三八〇万以上、民間人の死者一八〇〇万以上、計二一八〇万人以上という政府見解がある。フィリピンでは死者一一一万一九三八人という数を政府が公表している。そのほかにフランス領インドシナの餓死者二〇〇万、インドネシアの被害者一〇〇万、シンガポールの華人虐殺の被害者五万などという数字もある。したがって総計では約三〇〇〇万人の犠牲者が出ているであろうと推定される。つまり戦争犠牲者の総数は不明確であり、さらに今後の調査が必要だということである。

(2) 餓死者の割合

軍人の戦没者二三〇万のうち、戦死、病死などの死因別はどうなっているかについては、公式の統計はまったくない。陸上自衛隊衛生学校が編纂した『大東亜戦争陸軍衛生史』は、公刊の衛生史に当たるといえるものだが、その中では次のようにいっている。

今次大東亜戦争においては、敗戦により、特に統計資料はいっさい焼却又は破棄せられ、纏ったものは皆無の状況である。従って全戦争間を通じ、戦傷戦病はどの位あったか等ということは、全く推定するよしもないのである。(4)

「推定するよしもない」としているこの衛生史は、戦死と戦病死の割合については、ごく初期の対南方進攻作戦のものをあげるだけで、その後の状況については沈黙している。とくに後半期の南方の餓死者続出の惨状や、中国における戦争栄養失調症の多発などについては、まったく触れるところがないのである。これは病死が多数発生するのは軍医として恥だという感覚からかもしれない。しかし戦争の衛生史としては、もっとも重大な問題を欠落させているというほかはない。

くりかえしていうが日本軍人の戦没者二三〇万の内訳は、戦死よりもはるかに病死が多いのである。これは衛生、給養上の大問題であり、戦争衛生史ならば第一にとり上げてその原因を分析すべき事態なのである。それでは一体餓死者の割合はどの位だったのだろうか。今までみてみた各戦場別に、その割合を推定してみよう。そのさいの各地域別の基礎数字は、厚生省援護局の一九六四年作成のものを使うことにする。実数はこれよりはいくらかずつ多いはずである。

1、「第一章1　ガダルカナル島の戦い」でとり上げたのは、ソロモン群島のガダルカナル島とブーゲンビル島、それとビスマルク諸島の主島ニューブリテン島のラバウルの諸部隊である。厚生省の統計ではソロモン群島の死没者八万八二〇〇、ビスマルク諸島は三万五〇〇〇、計一一万八七〇〇名となっている。

ガダルカナル島の場合、方面軍司令官は死者二万、戦死五〇〇〇、餓死一万五〇〇〇と述べている。ブーゲンビル島では、タロキナ戦以後の死者約二万はほとんど餓死であったと推察される。そのほかのニュージョージア、レンドバ、コロンバンガラなどの中部ソロモンの諸島の場合もほぼ同じような比率であったろう。したがってソロモン群島の死没者の四分の三に当たる六万六〇〇〇名が餓死したと考えられる。ラバウルの場合、ほとんど戦死はなく、栄養失調と薬品不足のためのマラリアによる病死であるから、ビスマルク諸島の三万五〇〇〇の死者の九割、二万七五〇〇は広義の餓死に数えてよかろう。したがってこの方面の餓死者は九万三五〇〇名を下らない数に上るであろう。

2、「2　ポートモレスビー攻略戦」と「3　ニューギニアの第十八軍」でとり上げたのは、いずれも東部ニューギニアの戦場である。厚生省の調査では東ニューギニアの戦没者は一二万七六〇〇となっている。各部隊の報告や回想では、いずれも死者の九割以上が餓死だったとしている。仮に九割として計算すると、実に一一万四八四〇名が餓死したことになる。この多くの若い生命が、密林の中で万斛《ばんこく》の涙をのんで倒れていったのである。

3、「4　インパール作戦」のインパールはインド領だが、作戦を担当したのはビルマ方面軍であり、ビルマ戦の一部といえる。厚生省の調査ではビルマ（含インド）の戦没者一六万四五〇〇となっている。これは4節であげた陸軍のみの戦没者一八万五一四九と異なっており、航空部隊、海軍を加えれば、さらに数が増えるはずである。そこで述べたように、この七八％、一四万五〇〇〇名かそれ以上が病死者、すなわち餓死者であったと推定される。

4、「5　孤島の置きざり部隊」では中部太平洋の島々をとり上げている。厚生省調査では中部太平洋の戦没者二四万七二〇〇となっているが、この中には上陸した米軍と戦って玉砕したマキン、タラワ、クェゼリン、ルオット、ブラウン、サイパン、グアム、テニアン、ペリリュー、アンガウルなどの諸島が含まれている。玉砕した島以外の各島は、米軍にとって不必要なために無視され、戦線の背後に取り残された。その中では比較的島の面積が広く、ある程度の農耕地もあり、現地自活が可能だったポナペ、モートロック、ロタ、トラック、玉砕した二島以外のパラオ地区、ヤップ地区の島の守備隊は、とにかくにも敗戦時まで生き延びることができた。しかしいっさいの補給が絶たれ、自給の手段もなく、餓死を待つばかりとなった島も多い。四五年四月一四日の海軍軍令部調（一〇八～一〇九頁の表参照）によると、この時点で餓死を待つばかりだった島は、ウォッゼ、マロエラップ、ミレ、ヤルート、ナウル、オーシャン、クサイ、エンダービー、バカン、メレヨン、大鳥島（ウエーク）、南鳥島で、なお三万六四七〇名が生き残っていた。その人々は地獄の苦しみを味わった後に、六、七割が最後を遂げることになるのである。

全体としてこの地域の戦死、病死の割合は半々とみてよいだろう。すなわち一二万三五〇〇名が病死、餓死していたといえる。

5、戦場別でみれば、もっとも多い五〇万の戦没者を出したのがフィリピンである。「6 フィリピン戦での大量餓死」でも述べたように、その八割までが餓死だったとみてよいだろう。決戦場とされたレイテ島で戦った部隊でさえ、各隊の報告によればその半数は餓死だったのだから、そのほかのルソンやミンダナオで持久戦を戦った大部分の部隊は、住民がすべて敵の中で、飢えとの戦いを強いられた。五〇万の中の四〇万名が、餓死者だったとみることができよう。

6、中国本土。厚生省の分類で中国本土とされているのは、日中戦争開始いらいの中国戦線での戦没者で、フィリピンに次ぐ大人数の四五万五七〇〇となっている。三七年の上海の戦いや、三八年の漢口攻略戦などは相当の戦死者を出したが、全体としてみれば戦線の広がりの割には戦死はそれほど多くはない。「7 中国戦線の栄養失調症」で述べたように、栄養失調に起因するマラリア、赤痢、脚気などによる病死が、死因の三、四割を占めていた。そして、もっとも多くの死者を出した四四年からの大陸打通作戦（一号作戦）では、過半数が病死となっている。全体としては戦死と病死の比率は、ほぼ半々と考えられる。すなわち中国戦場では二二万七八〇〇名が、栄養失調を原因とする病死であろう。

7、その他の地域の中で、沖縄の八万九四〇〇と小笠原諸島（硫黄島を含む）の一万五七〇〇名は、玉砕したのでほとんどが戦死である。

次にソ連、旧満州、樺太千島は降伏前後のソ連軍との交戦で大きな損害を出しているので、その死因の多くは戦死で、病死はとくに降伏後に多く、二割の計二万一〇〇〇名と見積もることにする。

さらにモルッカ・小スンダ（含西ニューギニア）とされている地域も、ビアク島をはじめ玉砕した島が含まれている。戦闘によるのではなく補給の欠乏で戦力を失った部隊も多い。この地域の病死者は全体の五割、二万八七〇〇と推定する。

それ以外の日本本土、朝鮮、台湾、南方では仏領インドシナ、タイ、マレー・シンガポール、ボルネオ・スマトラ・ジャワ・セレベスの諸地域でも、合計で二三万三五〇〇の死没者を出している。これらの地域でも戦争末期には栄養失調が広がっており、とくに降伏して捕虜になってからの給養不足に陥った地域もあった。この戦没者はほとんどが病死であるが、その半分は栄養失調に基づくものと推定してよいだろう。すなわち一一万六七〇〇名が広い意味での餓死である。

今までに各地域別に推計した病死者、戦地栄養失調症による広い意味での餓死者は、合計で一二七万六二四〇名に達し、全体の戦没者二一二万一〇〇〇名の六〇％強という割合になる。これを七七年以降の戦没軍人軍属二三〇万という総数にたいして換算すると、そのうちの一四〇万前後が戦病死者、すなわちそのほとんどが餓死者ということになる。

〔注〕

（1）厚生省援護局『引揚と援護三十年の歩み』、厚生省、一九七七年。

（2）藤原彰・栗屋憲太郎・吉田裕編『昭和二〇年／一九四五年』、小学館、一九九五年、一二二頁（この数字は厚生省援護局一九六四年作成の資料による）。

（3）吉見義明「日本人の死者＝三百十万人説は正確か？」（『週刊朝日百科　日本の歴史一一九　大東亜共栄圏』、朝日新聞社、一九八八年）。

（4）陸上自衛隊衛生学校編『大東亜戦争陸軍衛生史』、陸上自衛隊衛生学校、一九七一年、一四八頁。

第二章

何が大量餓死をもたらしたのか

1　補給無視の作戦計画

(1)　作戦が他のすべてに優先する

日本軍戦没者の過半数が餓死だった。戦闘の中で華々しく戦って名誉の死を遂げたのではなくて、飢えと病気にさいなまれ、痩せ衰えて無念の涙をのみながら、密林の中で野垂れ死んだのである。こうした結果をもたらした原因は一体何だったかを検討することにしよう。

軍隊が行動し戦闘するためには、軍隊と軍需品の輸送手段である交通と、弾薬、資材、食糧などの軍需品を供給する補給を欠かすことができない。すなわち交通と補給が必須の項目なのである。ところが日本陸軍では、作戦がきわめて重視されていたのに比べて、作戦遂行のために不可欠の交通と補給があまりにも軽視されていた。作戦目的を重視するあまり、補給をまったく無視する無謀な作戦が実行されさえした。そしてその結果が、大多数の将兵を無惨な餓死に追いこんだのであった。

一章1節でとり上げたガダルカナルの戦いは、補給を無視した作戦を強行し、多数の餓死者を出した作戦の典型である。今村均第八方面軍司令官が、百武晴吉第十七軍司令官を慰めて、この敗戦は「饑餓の自滅」であり、「全く軍部中央部の過誤による」もので、これは「補給と関連なしに、戦略戦術だけを研究し教育していた陸軍多年の弊風が累をなし」(1)たものといっているのは、まさに至言である。

大本営はガダルカナル島にたいする米軍の上陸を知って、直ちにその奪回を決意し、とりあえず急行させる兵力として、ミッドウェー作戦失敗後にグアム島に待機中であった一木支隊の先遣隊(一木清直聯隊長指揮の一〇〇〇名)を駆逐艦六隻で急行させた。制海・制空権を米軍に奪われているので、輸送船によるのは危険であり、また、上陸を急いだために駆逐艦輸送となったのだが、そのために一木支隊は聯隊砲以上の重火器を携行できず、糧食七日分だけをもって上陸したのである。一木支隊は戦車や砲兵の待ちかまえている米軍陣地に突入して全滅した。だがこのとき全滅していなくても、その後に餓死が待ちかまえていたであろう。

一木支隊先遣隊の攻撃失敗後、一木支隊第二梯団と海軍陸戦隊を送ろうとしたが、米軍機の妨害で失敗し、つづいて一木支隊残部と川口支隊の輸送も米軍機の妨害で失敗した。その後は駆逐艦による「鼠輸送」によらざるを得なくなった。増設部隊の送りこみさえ困難をきわめる中で、弾薬、食糧の補給は望むべくもなかった。食糧が補給されなければ、現地物資ではとても生きていけない密林の島では、飢餓に陥るのは必然であった。にもかかわらず、大本営は川口支隊、第二師団、第十七軍司令部、第三十八師団と、次から次へと増援部隊を送りつづけ、飢餓地獄を作り出したのである。

軍隊を送りこむことだけでもきわめて困難で、輸送船では運べず鼠輸送や蟻輸送（小型の舟艇による輸送）に頼らなければならなかった。これでは裸の兵員だけを送りこむだけである。こうした輸送状態では、その後の補給が確保できないのは当たり前である。それなのに次から次へと軍隊を送りつづけた大本営の作戦当局者は、何を考えていたのであろう。弾薬も糧食もなしで、身体だけで上陸した軍隊が、戦闘力を保持できると思っていたのだろうか。

ガダルカナルが簡単に奪回できると考え、軽装備の一木支隊を送って失敗し、さらに川口支隊を送ってまた失敗した大本営の敵情判断の誤りについては、一章の1節ですでに述べた。川口支隊による九月一二、一三日の第一次総攻撃が、米軍の強力な砲爆撃と、日本軍の食糧が尽きたことによって失敗した。この報告は大本営にも届けられ、当初の楽観的な予想は覆《くつがえ》ったはずである。だが作戦当局は、ガダルカナル奪回というはじめの計画を変更することなく、兵力の増強をつづけた。その結果として、餓死者を増やすことになったのである。

第一次総攻撃の失敗を中央が知った後の九月一七日、大本営陸軍部は大陸命第六八八号で第十七軍の戦力を増強するため、第二師団の主力のほかに重砲、戦車、高射砲など約二〇個の単位部隊を編入する命令を下している。(2) さらにこの命令では、つづいて第三十八師団と、戦車、重砲、速射砲などの諸部隊の第十七軍への編入も命ぜられている。

この命令が出されたとき、第二師団の主力はなおジャワに残っており、第三十八師団主力はスマトラにいた。さらに第十七軍への編入を命ぜられた部隊の中で、野戦重砲兵第四聯隊（甲＝十五榴）、同第七聯隊（乙＝十加）、独立速射砲第六大隊は満州に、戦車第八聯隊、独立山砲兵第十聯隊、独立工兵第十九聯隊（甲＝野戦工兵）などは中国にいた。そのほかの部隊も各地に広く分散していたのである。問題なのは、これらの増強部隊をどうやって南太平洋の戦場まで運ぶかであった。このとき日本陸軍の保有していた輸送船ではとても足りないので、船舶の増徴問題が起こった。これが作戦部と軍政当局の対立、さらに陸海軍の対立、政府と軍の対立という一九四二年末期の戦争指導上の大問題に発展することになるのである。

そしてそれ以上に問題なのは、そもそも輸送船がガダルカナル島に近づけないということであった。制空権の確保なしでは、輸送計画は画に描いた餅であった。いくら作戦計画で兵力や火力を計算しても、それを戦場に運べるかどうかが問題である。まして運んだ軍隊をどうやって維持するかという補給の問題抜きに立てられた作戦の運命は決まっていた。

ガダルカナル奪回の作戦続行、兵力の大増派の決定をしたとき、何よりも問題なのは同島へのその後の補給をどうするかということであるはずなのに、そのことがあまり検討されていない。もともと大本営の第二期作戦として、ミッドウェー攻略案が海軍部から持ち出されたとき、陸軍部は反対した。その理由は、ミッドウェー島の占領は困難ではないが、その後の補給が難しいため、確保は困難だというのであった。ミッドウェー占領に予定していた歩兵一個大隊強の兵力補給さえ難しいとしていたのに、二個師団以上の大兵力をガダルカナルへ送って、補給をどうするつもりだったのだろうか。日米間の海空戦力の比重は、前よりも悪くなっているはずだし、さらにミッドウェーは日本本土から約三五〇〇キロ離れているのにたいし、ガダルカナルは本土から八〇〇〇キロも離れている。補給の条件はいっそう悪いはずなのである。

ガダルカナルを米軍に奪われたので、輸送も補給も十分に検討せずに、押っ取り刀で陸軍部隊の派遣を決めたのに始まり、その後は攻撃失敗のたびごとに補給の困難を無視して、兵力を増強しつづけた作戦当局の責任はきわめて重い。一万五〇〇〇人の餓死者と一万人の辛うじて引き揚げた栄養失調患者を出した重大な責任は、同島に兵力を派遣しつづけた大本営陸軍部にあるといわなければならない。

大本営陸軍部（参謀本部）の中でも、とくに第一（作戦）部長田中新一中将、第二（作戦）課長服部卓四郎大佐、作戦課の作戦班長辻政信中佐の作戦担当責任者の発言権は絶大であった。対米英開戦から初期の南方作戦を指導したのもこのトリオであって、田中、服部は同じ部長、課長として、辻は戦力班長からシンガポール攻略の第二十五軍参謀としてその名を轟かせた。いずれも名うての積極論者、強硬論者で、つねに攻勢主導を主張し作戦をリードしたことでも知られている。田中はガダルカナルへの兵力増強のために船舶増徴を要求し、国力保全の立場からこれに反対する佐藤賢了軍務局長を殴打したり、東条英機陸相を怒鳴りつけた事件を起こしている。何としてもその主張を押し通そうとする強硬論者で、慎重論や合理的な判断を抑えてきたので、辻もそれに輪をかけた強硬論者だった。

ガダルカナルよりも、もっと大本営陸軍部の補給無視の作戦の責任がはっきりしているのは、南海支隊のスタンレー山脈を越えてのポートモレスビー攻略戦である。一章の2節で述べたように、現地を調査した実行部隊の南海支隊長堀井富太郎少将は、峻険な山脈を越える陸路では、補給は人間が背負う担送によらざるを得ず、実際問題として不可能であるとして作戦そのものに反対であった。それにたいし上級司令部である第十七軍も、大本営も、補給の困難さに目をつぶって、作戦上の必要を優先し、陸路攻略に踏み切った。とくに大本営から派遣されていた辻政信参謀は、「陛下の御軫念《しんねん》」を口実にする強引な独断指導で、無謀な山脈越えが実行されたのである。その結果、南海支隊の将兵は、各個人が背負って出発した携行食糧が尽きたときが運命の分かれ目で、飢えとの戦いに敗れたのであった。

補給の困難を無視し、携行食糧だけに頼った作戦を開始したもっと大規模な例は、四四年、ビルマ戦線における第十五軍のインパール作戦である。この作戦は、第十五軍司令官牟田口廉也中将の功名心から発起された。牟田口は三七年には、支那駐屯歩兵第一聯隊長として北京にあり、部下の一木清直大隊長に攻撃を命令して日中戦争勃発の直接の責任者となった人物である。彼はインド領インパールに進撃することで、インド攻略の端緒を開くという野望を募らせ、戦争を始めた自分が戦争を終わらせるのだとして、この作戦実行に熱意を燃やした。しかし第十五軍やその上部のビルマ方面軍の兵站主務者は、補給困難を理由に作戦に反対であった。第十五軍参謀長小畑信良少将も前述のように、補給の点で作戦に反対であった。牟田口は、小畑の罷免を河辺正三ビルマ方面軍司令官に求め、小畑は参謀長在任わずか二カ月で更迭され、作戦が実行されるのである。河辺は三七年には支那駐屯歩兵旅団長で、牟田口の直接の上司であった。日中開戦の現場責任者である河辺、牟田口のコンビが、この無謀な作戦で復活したのであった。

この作戦も補給がつづかず、将兵は携行食糧二週間分だけに頼って、インド・ビルマ国境のアラカン山系を越えて、インパール盆地を目指した。三個師団の将兵の運命は悲惨であった。雨期に入り退却に移ってからは、餓死者が累々として退路の傍らに重なった。このため日本軍の退却路は、「靖国街道」「白骨街道」と名づけられたことは、一章4節で述べたところである。

補給の見通しがまったく立たず、兵站の責任者が反対しているのに、指揮官もしくは作戦の担当者が積極論で押し切って無謀な作戦を強行したのがこれらの例である。餓死者発生の責任は明らかであろう。つまり作戦のことだけを考え、強引に計画をすすめる作戦当局者の専断が、悲劇を招いたのである。

(2) 情報の軽視

もともと陸軍とりわけ中央の参謀本部においては、作戦部作戦課の一部中心参謀たちが強大な権力を持ち、他の部門のそれぞれの意見は無視されていた。対米英戦突入に当たり、作戦部はドイツの勝利を確信して開戦に踏み切ったのだが、情報部は必ずしもドイツ必勝を信じていなかった。ドイツの英本土上陸作戦はできないと英米課が判断したり、ソ連の崩壊はないとロシア課が結論を出していたのに、作戦課は情報専門家の判断を無視して、自分の都合のよいように、作戦課限りで勝手に情勢判断をしていたのである。

ガダルカナル戦についても同様であった。作戦課は都合のよい情報だけを選択して、米軍を過小評価し、重要な情報でも都合が悪いものは無視した。

ガダルカナル島への上陸は、米軍の本格的反攻の第一歩であった。ターナー少将の上陸作戦部隊は、総船舶八二隻で七月三一日にフィジー島を出発、八月六日夜ガダルカナル島とその対岸のツラギに上陸を開始し、一万九〇〇〇の上陸部隊を八月九日までに無傷で上陸させた。ところが日本側は海軍の判定で八月七日輸送船二七隻、八月八日には輸送船三〇隻としていた。これだけでも相当有力な上陸部隊があるとみなければならないのに、七日の陸海軍幕僚の一応の判断の結論は、「敵の来攻は、偵察上陸の程度のものと思われる」「ガ島及びツラギを奪回することはさして難事ではない」というものであった。(3)

さらに海軍は、巡洋艦中心の第八艦隊と、ラバウルの基地からの航空隊で反撃を加え、八月九日までの戦果として戦艦一隻、重巡四隻、巡洋艦(艦型未詳)三隻以上、輸送船一〇隻以上を撃沈したと発表した。そして八月一〇日には海岸に敵船舶がみえなかったので、敵は上陸に失敗して敗退したと判断している。戦後に明らかになったところでは撃沈した輸送船は一隻だけだった。米軍は上陸に完全に成功し、機動部隊や攻略援護部隊の船舶は任務を終わって、ガダルカナルから撤退していたのである。

このように敵情の認識、戦果の判定の誤りが、その後の作戦に大きく影響したことはいうまでもない。その根本原因は、日本軍の情報収集にたいする熱意の不足と能力の欠如にあるといえよう。海軍のミッドウェー敗戦の最大要因が、情報戦の敗北にあったように、ガダルカナルでもすでに情報戦で敗北していたといってもよい。

作戦重視、情報軽視は、日本陸軍の特徴でもあった。『大本営参謀の情報戦記』を書いた堀栄三によれば、大本営作戦課の一握り、奥の院の参謀だけが戦争を引きずった中心の責任者で、情報は軽視されていたという。堀がその父堀丈夫（初代航空本部長として陸軍航空の建設に当たったが、第一師団長のとき二・二六事件が起こり、その責任で現役を去った）の次のような観察を紹介している[4]。

父は二・二六事件で現役を退いてから、戦争を局外から見てきた結果、軍人を二つの区分に分類して観察していた。その一つが、天皇の命令である大命を起案して允裁《いんさい》を受ける作業に関係した軍人、二番目が、この大命と称する命令を受けて、自分の意志では一歩も退くことを許されないで、命令のままに命を捨てて戦闘に従事した軍人であった。前者はいわゆる大本営の中の中枢的なごく一握りの奥の院の参謀たちであり、宸襟《しんきん》を悩ました亡国の責任者である。後者は、階級のいかんを問わず、指定された戦場がどんな苛烈なところであっても、自らの意志ではこの戦闘から離れられない運命に立たされた、大将から赤紙の一兵に至るまでの戦闘軍人であるといっていた。

これと似たような観察は、とくに陸軍省軍務局の軍事課長、あるいは同課の戦力班長、予算班長として、軍政の面、とくに国力造成の面から作戦課の作戦万能主義を批判している西浦進[5]や加登川幸太郎[6]にみられる。作戦課、とくにその中枢にあった一握りの、いわゆる「奥の院」の人物たちは、ノモンハン事件の失敗の最大の責任者でありながら、今度は大本営の中枢に舞い戻って対米英開戦を主導した。ガダルカナルの敗北でいったん要職を退いたが、また復活してレイテ決戦や大陸打通作戦の主導者となった。失敗しても不死鳥のようによみがえってまた国の運命を左右する要職につくという陸軍の人事そのものにも問題があったということができよう。

〔注〕

（1）今村均『私記・一軍人六十年の哀歓』、芙蓉書房、一九七一年、四〇六頁。
（2）『戦史叢書・南太平洋陸軍作戦〈1〉』、一九六八年、五二六～五二七頁。
（3）同前書、二六九頁。
（4）堀栄三『大本営参謀の情報戦記』、文春文庫、一九九六年、二八六頁。
（5）西浦進『昭和戦争史の証言』、原書房、一九九〇年。
（6）加登川幸太郎『陸軍の反省（上）（下）』、文京出版、一九九六年。

2　兵站軽視の作戦指導

(1)　対米英開戦と兵站

日本陸軍は、対露（ロシア革命後に対ソ）戦争を第一の目標として編成され、訓練をつづけてきた。したがって、その予想戦場は北満州やシベリアの人跡稀薄な広野である。そのため陸軍は、軍需品や食糧の補給のために、膨大な後方部隊を用意しなければならなかった。後方部隊は、戦時に特設する馬を輸送力とする輜重部隊で、このため陸軍は農林省と共同して全国の農家に馬の飼育を奨励し、戦時にこの馬を徴発する計画であった。

一九四一年七月、日本は独ソ戦の推移いかんによっては、対ソ戦を始めようとし、陸軍はこのための大規模な動員を行った。これが関東軍特種演習（関特演）である。陸軍としては、新たに人五五万、馬一三万を召集する史上初の大動員であった。この演習に内地から動員されたのは、第五十一、第五十七の二個師団だけだったが、とくに後方部隊を中心とする二八〇余もの各種部隊が動員されたことが特色であった。この結果在満州の関東軍は、膨大な後方部隊を持つ八五万の戦時編制となった(1)。

この満州への大動員を行っておきながら、九月以降は年内の対ソ武力行使の中止、南方攻略作戦の決行へと大きく国策が転換する。ところが南方作戦準備の内容は、兵站諸部隊の動員でも、軍需品の集積や輸送の面でも、関特演とは異なりまったく後方軽視という状態が現れていた。

南方作戦を具体的に準備する段階で、大本営の兵站についての基本的構想は、「原則として満州の集積軍需品は抽出せず、中国大陸に対する補給は最大限に削減して、余裕を作り、必要な場合は中国方面からさらに引き抜いて南方用作戦資材を充足するということであった(2)」。つまり関特演で動員した部隊や軍需品は、対ソ開戦に備えてそのままとし、支那派遣軍から一部を引き抜いて間に合わせようという、甘い考えしか持っていなかったのである。したがって、「南方作戦のため準備した兵站部隊の数は、作戦の規模に比べてはなはだ少ないものであったが、国軍の総兵力量から考えやむをえないことであった。第一線兵団が無事に敵地に上陸しさえすれば、じ後の作戦は現地物資を活用することにより、何とか続けられるであろうと考えられた(3)」という兵站軽視の計画となった。

この大本営の方針は、南方軍の基本方針でもあった。開戦時の南方軍参謀(兵站主任)重野誠雄大佐は、四二年一〇月陸大教官に転任するに当たり、後任者への申し送りのため作成した資料[4]に次のように述べている。「南方作戦ニ応スル兵站運営ノ根本方針ハ、其ノ作戦ノ本質ト国内戦力就中軍需品追送能力トヲ勘案セル大本営ノ方針ニ則リ、極力内地ノ負担及船舶輸送力ノ軽減ヲ図リ、最少ノ軍需資材ヲ最有効ニ活用シ現地ニ於テ創意自製自活シ得ルモノハ原則トシテ之ニ拠ルヲ旨トセリ」。すなわち「糧は敵による」という現地自活主義が基本方針だったのである。

現地自活主義は、南方作戦全体に及ぶ方針であった。しかしこれは、場合によっては第一線部隊にきわめて過酷な運命を強いることになる。物資の豊富な地域で、しかも戦況が有利な場合はともかく、現地で何とかしろという方針がどこにも通用するわけがない。絶海の孤島に送りこまれる部隊にとって、現地自活は餓死に通じる道である。

大本営が初期の太平洋での陸軍作戦についてどう考えていたかを、一木支隊の例でみてみる。一木支隊はミッドウェー攻略のため編成され、四二年五月の大陸命で第二艦隊の指揮下に入れられた。だが作戦が失敗したので一木支隊は六月一二日の大陸命で大本営直轄となり、グアム島での練成を命じられた。じ後の南太平洋の作戦に備えるためである。六月二五日兵站総監部は、一木支隊へ六カ月分の糧食品を交付するよう糧秣廠を船舶輸送司令部に命令した。[5]それには米、味噌、醬油などのほかに、「野菜種子六〇〇キログラム」が含まれていた。つまり太平洋方面に作戦する部隊にたいしては、常続的な補給はできないし、またしないことを前提にした措置である。半年分の食糧を持たせ、あとは種をまいて自活せよというのである。

四二年六月二〇日、参謀総長は南方軍の兵站の状況について上奏した。その要旨の中で食糧については、「糧秣の大部は現地に求めることが出来た。将来も現地自活の諸施策の強化により特殊なものを除きほとんど追送を要しない(6)」と述べている。

このことと関係があるかどうかわからないが、一木支隊への半年分の糧秣交付は、八月一日になって中止された(7)。その直後の八月七日、米軍がガダルカナル島に上陸したのにたいして、軽装で急遽奪還に向かった一木支隊は全滅することになる。

この現地自活主義は、占領後の軍政にも大きな影響を及ぼした。四一年一一月二〇日大本営政府連絡会議は、「南方占領地行政実施要領」という方針を決定した。これは「国防資源取得と占領軍の現地自活のため民生におよぼさざるを得ざる重圧はこれを忍ばしめ」るというもので、軍の自活のために現地民衆の生活を圧迫することも辞さない、というのが基本的政策だったのである。もちろん政策は現地民衆を苦しめたのだが、状況によっては占領軍の兵士たちもこの方針で苦しめられた。大量の餓死者を出すことになるのである。

(2) 兵要地誌の調査不足と現地自活主義の破綻

日本軍にとって南方諸地域、とくにニューギニアを含む南東方面は、まったく予期しない戦場であった。ソロモン諸島やビスマルク諸島、ニューギニアに関して、戦前の兵要地誌の調査資料は皆無といってよい状態にあった。このことが実際に戦場になったさいの兵站や補給に大きく影響したことは当然である。

兵要地誌の調査不足のもっとも極端な事例として、ニューギニアの地勢をあげることができる。前述のようにニューギニアは、日本本州の三倍半もの面積があり、島というより大陸に近い。中央山脈は標高五〇〇〇メートルを超えている。全島が熱帯性の密林に覆われ、大河や湿地が多く、諸兵の通過が困難である。人口はきわめて少なく、海岸に点在するわずかな集落は海の中の孤島に等しい。これを陸続きの大陸と考え、中国戦線と同じように軍隊が行動できると考えて作戦計画を立てた大本営や第八方面軍の参謀は、根本的に間違っていた。

結果としてその犠牲となったのは、第八方面軍の隷下で東部ニューギニアで戦った第十八軍であった。一九四四、四五の二年間、東部ニューギニア北岸で、米軍は日本軍の背後に上陸する飛び石作戦をくりかえした。これにたいして第十八軍は、密林の中を徒歩で西へ西へと死の行軍をくりかえしたのである。大本営の情報参謀であった堀栄三は、次のように回想している(8)。

気の毒なのは、とにかく第一線であった。上級司令部や大本営が、敵の戦法に関する情報を知らず、密林の孤島に点化された認識もなく、増援隊はもちろん、握り飯一個もよう送り届けないで、一歩たりとも後退させないという非情さはどこから来たのであろうか？　要するに大本営作戦課や上級司令部が、米軍の能力や戦法及び地形に対する情報のないまま、机上で二流三流軍に対すると同様の期待を込めた作戦をたてたからである。それに上官の命令は天皇の命令と勅諭に示されていたから、退却はこの場合大罪であった。

ニューギニアが兵要地誌の調査不足で、現地自活に失敗した典型とすれば、同じような地誌的条件にありながら、苦労して現地自活に努力し、辛うじて将兵を生き延びさせたのが、ラバウルを中心とするニューブリテン島の第八方面軍直轄地域であった。

五四年一二月の厚生省引揚援護局の発表によれば、ニューブリテン島を主とするビスマルク方面の戦没者二万五五四〇名にたいし、この方面からの復員者は八万二〇〇〇名である。東部ニューギニアが九割以上の死者を出しているのにたいし、この方面では八割近くが生還している。これは連合軍側がラバウルを無視して通過してしまったために、戦闘の圏外になってしまい、将兵はひたすら農耕や漁など自活に努めた結果であった。兵站とか補給とかには関係ない結果になってしまったのである。(9)

第八方面軍経理部長森田親三主計中将（終戦時の陸軍省経理局長）の戦後の講演によれば、

同軍の現地自活の経過は以下の通りである。(10)

四二年一二月二一日、今村方面軍司令官は、森田経理部長と上原軍医部長にたいし、ガダルカナルの戦況に照らし、ニューブリテン島の日本軍もやがて孤立することになるかもしれない。このさい一〇万人の陸海軍人と居留民が、最悪の事態でも自活できる方法を研究せよと指示した。経理部長が当初立案した自活の方法は、一〇万人の給養人員とし、主食は陸稲と甘藷を栽培し、副食は養鶏、養豚と野菜の栽培、調味料は海水からの塩とヤシの実からの油とする。このため総面積二五〇〇町歩を目標として開墾する。このため必要な農事指導員、労務者、種子、農具等を内地から取り寄せるというものであった。この計画は一部修正された。主食にはタピオカが加えられ、トウモロコシも補助作物として奨励した。軍司令官から現地自活の命令を受けてから二カ年後の四四年一一月、森田は自活態勢の確立したことを報告したところ、今村は「軍は今や食の問題に関しては今後いかに長期にわたるとも絶対に不安なき信念を私始め将兵一般が持つに至ったので、その旨を陸軍大臣に報告しておいた」と語ったという。

これは一〇万近い大軍が、補給絶無で未開の土地に孤立しながら、二年間で自活態勢を作り上げて生き延びた事例である。これは兵站や補給の問題の例外である。

(3)　後方を担った馬の犠牲

補給の軽視と地誌調査の不足がもたらした兵員の犠牲以上に比率が深刻なのは、馬の犠牲であった。この戦争では中国から南方に広がる広い戦線で、五〇万頭を超す馬が犠牲になり、人間と違って一頭も帰国できなかったのである。馬の場合は、兵器備品の扱いで、消耗するのに任せられていた。とくに後方部隊においては、動員のさいにはじめて民間から徴発した馬を扱うので、その扱いが粗略で、無駄な犠牲を費やすばかりであった。日中戦争のはじめ陸軍省軍事課員であった西浦進は、次のように回想している。(11)

支那事変の初め、近年においては初めての大動員をやった。幹部以下の素質の不良と相俟って、物の不経済につかわれたことも想像できる。(中略)

馬についても同様である。馬事智識、愛馬心の欠乏から、もう一つは中支地区では少し馬の比率が多すぎたため、馬の管理は大変不良だった。梅津馬政課々員(広吉、31期、後の少将)が上海出張から帰って「馬は痩せて紙の如く、一枚二枚と数えている」と言ったのが未だ耳に残っている。如何に中央からやかましく言っても駄目である。前述の如く天下の原則は覆し得ない。

日中戦争の当初から、新設部隊の幹部以下の素質の不良、無用な馬の動員によって、馬が粗末に扱われ、多大の犠牲を出したことがわかる。もっと大きな無駄は、南方作戦にさいして、熱帯性雨林や珊瑚礁の小島に馬を連れていったことである。兵要地誌の研究不足、情報の不備の結果だが、そのための馬の犠牲も大きかった。

第二次大戦を戦った日本陸軍が、欧米諸国の軍隊と大きく異なっている特徴は、機動力も輸送力もすべてが馬に頼っていることであった。これは国内の自動車工業の未発達と関係が深い。第一次大戦後の各国軍は、戦闘手段としての戦車、輸送手段としての牽引車や自動車を全面的に採用していったのに、日本軍だけは馬中心の編制から脱却できなかったのである。

一九二五年の宇垣軍縮から、日中戦争前の三六年までの間、日本陸軍の平時兵力は一七個師団、人員約二三万人、馬約五万頭であった。その中で、騎兵が二五個聯隊あるほかは、砲兵や輜重兵をはじめすべての部隊に、乗馬、輓馬《ばんば》(砲や車をひく馬)、駄馬(荷物を背負う馬)があり、ごく一部の自動車を除いては、すべてが馬編制であった。

さらに戦時編制では、歩兵の大行李、小行李をはじめ大量の兵站、輸送部隊が動員されるが、それはすべて徴発した馬によって編制されるものであった。三六年度の動員計画によると、全軍三〇個師団、人員一四八万人、馬三五万頭となっている(12)。つまり人員の約二四％の馬が動員されることになっていた。

日中戦争以後、陸軍兵力は拡大の一途をたどった。それとともに馬の動員や補充も次々に行われた。兵員の場合、除隊、復員によって、帰還や交代が行われたが、軍需品としての馬には交代がなかった。戦地に送られた馬は死ぬまで使われた。人間の食糧さえ送れない状態では、馬糧《ばりょう》はまっさきに犠牲にされ、馬の餓死や斃死《へいし》が当たり前になった。馬を食糧として食べてしまう場合さえ生じたのである。

東南アジアや太平洋を戦場として、対米英戦争を開始するに当たっても、日本陸軍は基本的には馬編制を変えることができなかった。開戦に当たって自動車編制に転換したのは、近衛師団と第五、第四十八師団の三個師団だけで、ほかは馬編制のままであった。グアム島からラバウル攻略に当たった南海支隊でさえ、多数の馬を引き連れていったのである。

戦況が悪化し、関東軍や支那派遣軍から南方への兵力転用が行われ始めても、馬編制から自動車編制への転換は容易にはできなかった。ニューギニアの密林や太平洋の離島へ馬を送りこんでは餓死させたのである。池部良の『ハルマヘラ・メモリー』は、第三十二師団衛生隊の輜重小隊長だった著者の回顧録だが、次のような挿話がある。同部隊が南方転用のため四四年上海に集結中に、中隊長が著者にたいして、「海を渡っても使いものにならない馬を、苦労をかけて連れて行き、敵の弾丸に当って死ぬのならまだしも、食べるものがなくてむざむざ死なせてしまうのはあまりにも残酷だ」と語ったという(13)。同部隊は輸送途中にフィリピン近海で米潜水艦に攻撃されて水没し、人員の多くは救われたものの、六九頭の馬は船倉につながれたままますべて溺死したのである。

戦争の全期間を通じて、どれだけの馬が犠牲になったのかは、正確には明らかでない。しかし戦地に連れていかれた馬は、兵員とは違って一頭も帰ってはこなかったのである。四一年開戦時点での陸軍の兵員と馬の数は次の通りである。[14]

地域別人馬数

	兵員	馬
南方	三九・四万	三・九万
中国	六一・二万	一四・三万
満州	六四・九万	一四・一万
朝鮮	一二・〇万	二・〇万
内地・台湾	五一・二万	五・一万
計	二二八万	三九・四万

つまり南方だけでも三・九万、全軍で三九・四万頭もの馬が従軍していたことになる。

敗戦のさいの馬の数は記録されていないが、陸軍総兵力は五四七万人であったから、それまでの損耗を計算に入れなければ一〇〇万頭近い馬がいたことになるだろう。開戦直前の日本国内の馬の総数は、陸軍の奨励もあって一五〇万頭に上っていた。この馬たちを兵力の拡大に伴って、根こそぎ動員したのである。四五年に本土に大軍を編成したとき、徴発されてきた馬はそれこそ洗いざらいの寄せ集めであった。私は、四五年六月に本土決戦のために編成された機動師団の歩兵大隊長となったが、大隊長用の乗馬は人間でいえば、六、七十歳に相当する十五歳の老馬であった。

日中戦争いらいの損害、とくに戦争末期の大陸打通作戦や南方諸地域での犠牲と、敗戦のさい外地に置きざりにされた数を加えると、戦争による馬の犠牲は、一〇〇万頭に近い数に達するはずである。少なくとも生きて還った馬は一頭もいない。たんに馬が犠牲になったというだけでなく、馬の根こそぎ徴発が、農業の生産力を低下させ、さらに戦後日本の農村風景を一変させたという影響を及ぼしていることもあげなければならない。

〔注〕

（1）『戦史叢書・陸軍軍戦備』、一九七九年、三一二～三一五頁。
（2）『戦史叢書・マレー進攻作戦』、一九六六年、六八～六九頁。
（3）同前書、六九頁。
（4）重野大佐「南方作戦概史自開戦前至昭一七・十月兵站関係史料」（防研史料）。

（5）「一木支隊用糧秣品交付ニ関スル件」、昭和一七年六月二五日陸亞密第二二三四号（防研史料）。
（6）『戦史叢書・大本営陸軍部〈4〉』、一九七二年、三一二頁。
（7）「一木支隊用糧秣交付中止ノ件」、昭和十七年八月一日陸亞密第二八〇〇号（防研史料）。
（8）堀栄三『大本営参謀の情報戦記』、文春文庫、一九九六年、一一〇頁。
（9）厚生省引揚援護局「南太平洋方面作戦経過の概要」、一九五四年一二月（防研史料）。
（10）森田親三「ラバウルにおける食糧の現地自活はいかに行われたか」、昭和三九年一〇月、陸上自衛隊松戸修親会需品学校分会需品科記事発行部（防研史料）。
（11）西浦進『昭和戦争史の証言』、原書房、一九八〇年、一〇一〜一〇二頁。
（12）「昭和十一年度陸軍動員計画令」（『陸軍省陸機密大日記昭和十一年第四号』、防研史料）。
（13）池部良『ハルマヘラ・メモリー』、中央公論社、一九九七年、一三九頁。
（14）前掲『戦史叢書・陸軍軍戦備』、三四〇頁。

3　作戦参謀の独善横暴

(1)　幕僚が戦争も作戦も決めた

補給を無視した作戦計画を立てたり、後方兵站の問題、すなわち兵の体力や生命の問題を無視して作戦を指導したりした責任は、もちろん最高統帥者である天皇とその輔佐者である統帥部の長（参謀総長と軍令部総長）、そして各段階の軍司令官にある。しかし実際の経過をみると、作戦担当のいわゆる中堅幕僚層が、すべてのおぜん立てをして、作戦を動かしていたのであった。戦争をするかしないかという最高国策の決定までが、幕僚層のリードによって決まっていった。日本では、日露戦争の大山巌のように悠然として「良きにはからえ」と部下に任せている人物が名将だとされた。そして幕僚層の独断専行が許される傾向が強かった。とくに満州事変を指導した関東軍参謀の板垣征四郎や石原莞爾が賞讃されたこともあって、「下剋上」という言葉が流行し、幕僚層の独善と横暴が目立ったのである。

日本の戦争国策の決定過程においてさえも、もっとも重要な役割を演じたのは、軍の中堅幕僚層であった。満州事変を計画し実行したのも、盧溝橋事件を全面戦争に拡大したのも、実質的には幕僚層であったということができる。かつて私は「日本軍隊における幕僚の性格」(1)という論文で、一九四〇年七月に大本営政府連絡会議が決定した「世界情勢の推移に伴う時局処理要綱」の決定過程をとり上げて、幕僚層の役割を論じたことがある。

そこでは四〇年春のヨーロッパ戦線におけるドイツ軍の勝利を受けて、南進政策をすすめるという日本の進路について決定的な方針を発議したのは、陸軍省部(陸軍省と参謀本部)の中堅幕僚であることを論じた。そして戦争に至るもっとも重要な政策決定の主導権を握っていたのが、陸軍の佐官級の中央部幕僚、その中でもとくに重要なポストである参謀本部の作戦部作戦課、陸軍省の軍務局軍務課の課長と課員であるとした。さらにこの重要地位にあった幕僚層の中で、幼年学校出身、ドイツ語専修、士官学校、陸大の成績が上位で、ドイツ留学もしくは駐在の経験を持つものがエリートだということ、およびこのエリート幕僚層が、陸軍省部の意志を形成し、海軍との折衝をつづけながら軍の意志をまとめ、それが大本営と政府の国策となったことを論じた。

ここでは四一年六月ドイツのソ連攻撃に始まる世界の激動の中で、日本が対米英開戦へ突入していく過程をとり上げ、国策決定における幕僚層の役割を検討してみる。

独ソ開戦に関する情報は、四月一五日いらい大島浩駐独大使や坂西一良駐独武官から再三にわたって報告されてきたが、六月六日には大島大使から開戦確実との電報が入った。(2)これをめぐって連日省部の意見がたたかわされたが、対ソ、対米英武力行使の準備を併行してすすめるという、国防国策の陸軍案を決定した。一方海軍はすでに六月五日に「現情勢下ニ於テ帝国海軍ノ執ルヘキ態度」を決定し、戦争決意の下に仏印、タイに軍事進出をすることを明らかにしていた。対ソ戦備をすすめようとする陸軍にたいし、海軍は独自に南進案を決めていたのである。

こうして陸海軍の真意に大きな差がありながら、六月二〇日から両者の折衝が行われた。その六月二〇日午後、独ソ開戦の報が伝えられたのである。この状況の中で、六月二四日には国策要綱の陸海軍案が決定した。これは南方にたいしては、対米英戦を辞さない決意で南部仏印進駐を行う、北方にたいしては独ソ戦が日本に有利になれば対ソ開戦するための準備をするという、南北双方にたいする戦争準備案であった。

この時点での陸軍の意志形成の中心人物は、参謀本部第一部長田中新一と陸軍省軍務局長武藤章であり、それに作戦班長から七月はじめに作戦課長に昇格した服部卓四郎と、軍事課長真田穣一郎であった。四一年七月に、台湾軍研究部で対米英戦の準備作業をしていた辻政信が作戦課戦力班長として参謀本部に入ると、その強烈な個性と迫力で陸軍の意志決定に影響力を及ぼした。関東軍いらいのコンビである服部が辻に同調することで、その発言権はいっそう強まったのである。

七、八月の間は、参謀本部作戦課内部でも、北進派つまり対ソ開戦論と、南進派すなわち対米英開戦論が対立していた。(3) この中で八月末になって南進論が押し切り、年内対ソ武力行使の中止と南進決行へ舵を切った。これは対米強硬論を主張する辻と、辻の主張を擁護する服部の態度が、大きく作用したのであった。

辻はかつて関東軍参謀として対ソ強硬論をとり、ノモンハン事件を引き起こしてその拡大の主役となったように、対ソ強硬論者であった。それが台湾軍研究部員として南方作戦の準備に携わる中で、一転して南進論者となったのである。こうして田中、服部、辻のトリオが、作戦部長、作戦課長、戦力班長として参謀本部を開戦論にまとめ、ためらう陸軍省を引きずり、海軍内の主戦論者と呼応して、ついに無謀な対米英戦争に突入したのである。つまり作戦課の幕僚層が、対米開戦を主張して、ためらう軍上層部も、政府首脳も、天皇をも引きずって、開戦を主導したのである。

(2) 作戦屋の強硬論

対米英開戦で部内を、ひいては国論を引きずった田中、服部、辻のトリオは、ガダルカナル戦でも作戦部長、作戦課長、作戦班長として、積極論を強硬に主張することで敗戦の責任者となった。一九四三年に作戦課長に復活した服部は、インパール作戦を認可し、山下奉文第十四方面軍司令官、武藤章同軍参謀長のルソン決戦論を排して、台湾沖航空戦の誤報に基づくレイテ決戦に変更させ、フィリピン敗戦の原因を作った。また支那派遣軍参謀だった辻とともに大陸打通作戦を強行し、太平洋に危急の迫る中で、五〇万の陸軍を中国奥地に野晒しにした。つまり戦争の節目で、強硬論を吐いて失敗を重ねたのである[2]。

辻政信こそは、日本陸軍の幕僚支配を代表する人物であった。つねに積極攻勢主義を唱えて周囲を引きずり、独善、専断、あらゆる場面で問題を起こしていった。辻は名古屋地方幼年学校、中央幼年学校を経て陸士第三六期生。陸大卒業後歩兵第七聯隊中隊長として第一次上海事変に参戦、そのさい空閑昇少佐の捕虜送還後の自殺に深くかかわったと思われる。次いで参謀本部部員から陸軍士官学校中隊長となり、早々に三四年の一一月事件(士官学校事件)の口火を切った。次いで関東軍参謀となり、盧溝橋事件が起こると天津に飛んで強硬論で支那駐屯軍を突き上げた。三七年八月、北支那方面軍参謀となって事変拡大期の攻勢作戦の主張者となり、同年一一月関東軍参謀となった。ここで作戦担当として、作戦班長として着任した服部卓四郎とともに、ノモンハン事件の挑発と拡大の主役を演ずることになる。事件が惨憺たる敗北に終わり、更迭されて第十一軍司令部付となるが、いつの間にか復活して四〇年一一月、台湾軍研究部員として南方作戦の研究準備に当たり、さらにその成果をひっさげて四一年七月、参謀本部作戦課戦力班長となり、作戦課長服部とのコンビで対米英開戦をリードする。

南方作戦にさいしては第二十五軍参謀としてシンガポール攻略に当たり、信奉者からは「作戦の神様」と称された。四二年三月参謀本部に戻って作戦班長としてガダルカナルやモレスビー作戦を指導した。作戦指導だけでなく、シンガポールの華僑大検証や、フィリピンのバターン死の行進（大本営派遣参謀として）を強硬に推進した責任者でもある。

この辻を評した先輩有末精三の次のような言葉がある。(4)


先制主動の権化のような氏は対米開戦直前、戦力班長として強硬意見をもって参謀本部の作戦課をまとめ、開戦後は山下奉文中将麾下の第二十五軍の作戦参謀として、常に前線に進出し、第一線将兵と共に闘いシンガポール攻略の名参謀として、その武名を友軍のみならず、敵軍にまでも轟かせた。

しかし元来潔癖な氏は上司、同僚とを問わず之らと衝突し、徐々に疎《うと》まれてゆく。更に服部と共に指導したガダルカナルの敗戦は、彼の運命にとって致命的であったのと同時に、先制主動、殲滅《せんめつ》戦指向の日本陸軍の戦略、戦術の崩壊にも繋がって行った。


この有末の辻評は遠慮がちながら肯綮《こうけい》に当たっている部分も多い。その積極主義と強硬意見が周囲を引きずったこと、反面でその独善と専断が目立ったことが、多くの人によって語られているところである。

一方辻とコンビを組み、上司として辻の活動を自由にさせたのが服部卓四郎である。服部は仙台地方幼年学校から陸士へ進んだ第三四期生。陸大を出て参謀本部員。三四年から三六年までフランス駐在、帰国後参謀本部作戦課編制班に、三九年中佐で関東軍参謀。作戦主任として辻とともに強硬論でノモンハン事件を拡大した。事件後歩兵学校付に左遷されたが、四〇年一〇月参謀本部作戦班長に復活、四一年七月作戦課長に昇任して対米英開戦の指導に当たった。

初期の南方作戦は成功したもののガダルカナルの敗戦を招き、四二年一二月作戦課長を退いたが、東条にその才幹を買われて陸相秘書官となる。四三年一〇月、太平洋方面の戦況が急迫する中で再び作戦課長に返り咲き、執念を燃やしていた大陸打通作戦を実行に移した。フィリピンを失った四五年二月、広西の第一線で歩兵聯隊長に転じて敗戦を迎えた。戦後もGHQの歴史課に勤めたり、自ら史実研究所を主宰したりして戦史研究をつづけ、『大東亜戦争全史』の大著を刊行している。

服部については「外柔内剛」の評が高く、その言動は穏和にみえるが実は最強の積極論者であって、ノモンハンでも、ガダルカナルでも、レイテでも、抜き差しならぬまで兵力を注ぎ込んだ責任者であった。

辻や服部が衆目の一致するノモンハン敗戦の責任者でありながら、たちまち中央の作戦担当者に復活して対米英戦を主導し、ガダルカナルの敗北を招いていったん退きながらまた返り咲くなど、作戦の中枢にあった人物たちの人事には不可解な点が多い。

失敗者がたちまち要職に返り咲くという点では、田中新一の場合も同様である。田中は三七年の盧溝橋事件のさいには、陸軍省軍事課長として、参謀本部作戦課長の武藤章とともに、拡大論の先頭に立って戦争の拡大をはかった責任者であった。その後田中は駐蒙軍参謀長に転じたが、ここで岡部直三郎軍司令官と衝突して処罰されている。四〇年一月駐蒙軍は、大本営の認可を得て後套《オルドス》進攻作戦を行った。これは大本営が北支那方面軍の基本任務として課している制限線（固陽―包頭―黄河）の線を二〇〇キロも越えた五原に進攻するもので、進攻後反転してもとの線に戻ることが大本営や方面軍の意図であり、岡部軍司令官もその方針を堅持していた。ところが田中参謀長は五原占領後の確保にこだわり、軍司令官の方針に反対して、五原確保のため、さまざまな策を弄した。結局田中は司令官の命令に反して蒙古軍部隊とともに、桑原荒一郎中佐以下の特務機関を日本軍撤退後の五原に残置させた。四〇年三月、日本軍が去ると蒙古軍が動揺したので、田中はさらに警察隊の日本人を投入したが、三月二〇日傅作義軍が五原に来攻し、特務機関は全滅した。岡部軍司令官はこの責任を問うて、五月に田中を譴責《けんせき》処分にした。

こうした事件があったにもかかわらず、四〇年一〇月田中は参謀本部の第一部長に抜擢され、対米強硬論の先頭に立つのである。

田中作戦部長、服部作戦課長、辻作戦班長のトリオは、ガダルカナルへの兵力投入、奪回作戦強行の主役であった。このため船舶増徴を要求して陸軍省と対立し、田中が佐藤賢了軍務局長を殴打したり、東条首相兼陸相を馬鹿呼ばわりしたりして、四二年一二月解職されるのである。

「作戦屋」といわれる人たちの中でも、とくにエリートたちを、加登川幸太郎は「奥の院」といっている。西浦進や加登川の、予算や物的戦力にかかわる陸軍省軍事課関係者の回顧録では、こうした作戦屋の奥の院で不死鳥のように復活する人事について批判的である。これは東条英機や富永恭次のような人事にかかわった上層部が、積極論者に好意的だったことによる面もあったろう。また批判者がいうように、奥の院のエリートたちの相互扶助が物をいったのかもしれない。いずれにせよこの人びとの強硬論が作戦を誤らせ、大量餓死の結果を招いたのである。失敗した者がたちまち要職に返り咲いて、また大きな失敗を重ねるという不思議なことがくりかえされたのである。

(3) 人間性を欠いた作戦

作戦目的達成のためには他のすべてを犠牲にしてもよいとする作戦第一主義は、しばしば兵が飢えることも意に介さないし、ときには死ねという命令まで出すという非人間的な面を見せることもあった。
インパール作戦が失敗しつつあった一九四四年七月、北ビルマでは中国の雲南遠征軍が怒江方面からと、スチルウェル中将の米支軍（中国兵を米式装備で武装し、米軍人が指揮した軍）がフーコン河谷沿いに攻勢をとっていた。このとき北東ビルマ防衛のため編成されていた第三十三軍（軍司令官本多政材中将）は、怒江方面に攻勢をとり、フーコン方面は時間を稼ぐために、ミートキーナの第十八師団の守備隊にたいし、第五十六歩兵団長水上源蔵少将を救援に差し向け、同少将を守備隊の指揮官とした。そして同守備隊に次のような軍命令を打電した。

第三十三軍命令要旨
一、軍ハ近ク龍陵方面ノ敵ニ対シ攻勢ヲ企図シアリ　「バーモ」、「ナンカン」地区ノ防備ハ未完ナリ
二、水上少将ハ「ミートキーナ」ヲ死守スベシ(5)

この命令は水上部隊にたいしてでなく、水上少将個人にたいして「死守」を命じている。この命令案は辻政信参謀が起案したもので、水上少将に死ねと命じたのである。圧倒的な米支軍の重囲の中にあったミートキーナの守備隊は、七月下旬一二〇〇名まで減じた。八

月一日水上少将は自決し、守備隊の主力である第十八師団の歩兵第百十四聯隊（聯隊長丸山房安大佐）などの部隊は、ミートキーナを脱出した。この軍の処置にたいしては、水上少将の直属上官である第五十六師団長松山祐三中将が憤慨して抗議したが、水上部隊は軍直轄になっており、軍は抗議を拒否した。作戦の都合であったにしても、指揮官個人に死ねという命令を出す参謀の冷血さがうかがわれる事件である。

ビルマではこれより先のインパール作戦で、はじめから兵が飢えるのがわかっている計画を立てていたという非人道的な事件がある。これは参謀よりもむしろ軍司令官牟田口廉也中将の問題である。『戦史叢書』には次のような記述がある。

インパール攻略までは、各部隊は自ら食糧や弾薬を携行し、山砲をかついで大アラカン山中に進攻しようというのであるから、膨大な輸送機関も山地進攻間はほとんど役に立たない。

第十五軍の薄井参謀は「軍では野草を食料にすることを研究している。インパールやコヒマに行き着くまでは各人の携行糧食と野草や現地食料で食いつないでいく」と説明し、方面軍の不破参謀が「兵站主任参謀たる君がそんな危険な方法でこの大作戦ができると考えているのか」と詰問すると「軍司令官の方針だから、われわれの意見ではどうにもならない」と答えた。(6)

はじめから兵に野草を食わせる計画で、すなわち飢餓を承知で作戦を立てたのである。はたして、インパール攻略は実現できず、一〇万の将兵は飢えに苦しみ、退却の途上で五万の犠牲者を出した。味方の兵の生命さえ気にしない作戦万能主義の現れであった。

非人間的な作戦の典型は、いわゆる「玉砕」の放置であった。四三年二月のガダルカナル撤退以後は、五月アッツ島、一一月ギルバート諸島のマキン、タラワ、四四年二月マーシャル諸島のクェゼリン、ルオットと玉砕が相次いだ。これらの島の守備隊にたいし大本営は電報のやりとりをするだけで、何の救援の措置もとらず、撤退の手段も講ぜず、玉砕を傍観するばかりだった。作戦課の高山信武は、次のように心許せる同僚とひそかにささやき合ったという。

「南太平洋の孤島に孤立する守備隊に対して、大本営の態度は現状でよいのであろうか。みすみす全滅を予想される守備部隊に対して、増援もせず、撤退もさせず、しかも降伏も認めない。即ち〝死ね〟という以外の何物でもない。増援、撤退は作戦の現況上不可能である以上、せめて、最後の段階においては降伏を認めてやってもよいのではあるまいか」

「気持はよく判る。自分も個人としては同感だ。文明国である米英等の外国軍隊はいずれも降伏を認めている。シンガポールといい、コレヒドールといい、敵軍は善戦健闘、人事を尽した末は開城降伏をしている。しかし、日本軍においては従来降伏は認めていない。刀折れ、矢尽きても、さいごは一対一で敵と差し違えてまで、敵の戦力をできるだけ消耗させようという訳だ。無情といえば無情、非道といえば非道である。しかし今、かりに降伏を認めるということになると、特攻作戦も問題になる。祖国防衛の大義の前には、現状で眼をつむるより外にしかたがないのではないか」(7)

この高山参謀の回想記は、戦後三〇年以上経って書かれたものである。当時の大本営の内部でこのような会話が実際に可能であったかどうかは検討の余地がある。しかし大本営が離島の部隊を見殺しにし、「玉砕を傍観するばかりだった」のは紛れもない事実である。大本営参謀の中でこのような考えが生まれることも、当然あり得たであろう。しかしそれを表面に出して議論することはなかったはずで、降伏を認めるという意見が出された記録は残っていない。

結局は降伏を認めないという無情、非道の方針が貫かれ、玉砕の悲劇はくりかえされていったのである。

〔注〕

（1）「日本軍隊における幕僚の性格」（藤原彰『天皇制と軍隊』、青木書店、一九七八年）。
（2）『戦史叢書・大本営陸軍部〈2〉』、一九六八年、二九九～三〇〇頁。
（3）高山信武『参謀本部作戦課』、芙蓉書房、一九七八年、七八頁以降。
（4）有末精三「序」（高山信武『服部卓四郎と辻政信』、芙蓉書房、一九八〇年）。なお高山の本書は、服部、辻の後輩の作戦課員である著者の立場上、両者にたいして好意的である。
（5）『戦史叢書・イラワジ会戦』、一九六九年、四五～四六頁。
（6）『戦史叢書・インパール作戦』、一九六八年、一一七頁。
（7）前掲、高山信武『参謀本部作戦課』、一九七頁。

第三章　日本軍隊の特質

1 精神主義への過信

(1) 日露戦後の軍事思想

大量餓死を生み出した根本的な原因には、日本軍隊特有の性質である精神主義への過信があった。もともと日本の軍隊は、武士道の精神を引き継ごうとして、天皇への忠誠と死を恐れぬ勇気とを将兵に要求した。ヨーロッパの大陸国にならって徴兵制を採用すると、農民出身の兵にたいしても、旧武士層出身の幹部にたいすると同様の、忠誠と勇気を要求した。ところで徴兵制は、解放された農民を基盤とする国民国家の成立が前提である。日本では明治維新が完全に農民を解放せず、自発性を持った兵士を供給できる国民国家の形成は不徹底であった。そこで兵士の忠誠と勇気を保障するためには、きわめて厳しい日常の訓練と懲罰とによって服従を強制するほかはなかった。服従を支えるためにも、天皇への忠誠を柱とする精神主義の強調が不可避であった。一八八二年の軍人勅諭はその現れである。

このような精神主義が極端に強調され、日本軍隊の何よりの特質となる契機は、日露戦争であった。戦争の勝利は日本の陸海軍に、ヨーロッパの模倣から脱却して独自の軍事思想を確立させる機会となった。それは陸軍についていえば物量よりも精神力を重視し、歩兵の銃剣による白兵突撃が第一義であるとする白兵主義へと大きく転換したのである。

日露戦争では、砲兵火力の劣勢をはじめとする装備の不足という大きな弱点を持つ日本陸軍が、旅順でも遼陽でも奉天でも、やっとの思いで勝利を得た。これを軍の中央では、火力の不足を克服する銃剣突撃で勝ったのだ、物量の不足にもかかわらず、精神力で勝ったのだと信じ込んでしまった。日露戦後の陸軍の典範令は大改訂をされるが、精神主義の強調がとくに目立つようになる。戦後の一九〇七年に『歩兵操典』は大改訂される。(1) このときはじめて、操典の根本趣旨を示すものとして、「綱領」という文章が巻頭に置かれた。ここでは、歩兵の「戦闘に最終の決を与うるものは銃剣突撃とす」と明記された。そしてそのために必要なのは「攻撃精神」であるとし、「攻撃精神は忠君愛国の至誠と献身殉国の大節とにより発する軍人精神の精華なり、武抜これによりて精を発し、教練これによりて光を放ち、戦闘これにより捷を奏す。蓋《けだ》し、勝敗の数は必ずしも兵力の多寡によらず、精錬にして且攻撃精神に富める軍隊は毎《つね》に寡をもって衆を破ることを得るものなり」と精神第一を強調している。

もと陸軍中佐加登川幸太郎は、『陸軍の反省（上・下）』という精神主義の欠陥を指摘した陸軍史を書いている。その著の中で、加登川は日露戦後に火力軽視、精神力重視、歩兵の白兵突撃重視に陥ったとして、次のように述べている。(2)

陸軍史をふりかえってみて、日露戦争までの陸軍勃興期には、例えば、陸軍の膨張に伴わなかった軍需生産、軍需動員のような不十分な面もあって、日露戦争で思わぬ苦戦をした不手際などはあるにせよ、とにかく短時日に総合的な兵備が拡充増強されたことは立派なものだと思う。それが明治末期から、どうも陸軍の進展は歩兵的である。「何が戦力であるか」という考え方に歩兵偏重があったようである。

加登川は幼年学校出ではなく、普通の中学出身で、陸大卒業後陸軍省軍事課で兵備や予算を担当し、装備の不足を痛切に体験した。戦後は日本テレビ編成局長として視野を広げ、その後戦史を研究して多くの著作を出し、陸軍史についての客観的な批判をつづけていた人物である。

この白兵主義については、軍事史家山田朗も同様の見解を示している。山田はその著『軍備拡張の近代史』で、次のように述べている。(3)

戦中・戦後をとおして日本陸軍内では、貫徹できなかった火力主義への不信感が高まり、結果として成果を挙げた白兵突撃への信頼は決定的なものになった。戦後・外国の軍事思想摂取の積極性は失われ、日露戦争の勝利の「教訓」にもとづく「皇国独特」の兵学、「日本式戦法」の確立がめざされたのである。

「日本式戦法」とは「歩兵の銃剣突撃至上主義という軍事思想」のことであり、「この後、アジア太平洋戦争にいたるまで基本的に日本陸軍を規定することになる」としている。これは物力よりも精神力を重視する考え方であり、兵力の多寡、装備の優劣よりも、精神力の差が勝敗を分けるのだとする。また食糧の補給の如きは二の次で、「武士は食わねど高楊枝」「糧は敵に借る」といった考え方が支配した。精神主義はまさに補給の軽視を生み出し、餓死発生の原因となったのである。

(2) 白兵主義の欠陥

先に述べたように、日本陸軍は日露戦争後に典範令全般の根本的改訂を行った。それまでは、最初はフランスの典範類を翻訳して使っており、一八八〇年代からはドイツ式に改訂を加えていた。それを戦争の勝利に自信を得て、日本独自の典範令類を創り始めたのである。

典範令類の中でもっとも重要なのが『歩兵操典』であった。ここではじめて日本独自の戦法の基本精神が文章化された。その綱領では、「歩兵は軍の主兵」であること、歩兵の本領は白兵（火力にたいする言葉で、ここでは銃剣）突撃にあることを強調している。すなわち戦闘の勝敗を決するものは歩兵の白兵突撃であり、その他の兵種は、歩兵の白兵突撃を支援するのが任務であるという考え方が徹底している。

これは逆にいえば火力の軽視である。事実砲兵や、歩兵用小口径砲、機関銃等の整備増強よりも、銃剣を持つ歩兵の兵数の増加を軍備増強の第一義に考えるようになった。昭和期になっても、歩兵は三八式歩兵銃に銃剣をつけて突撃することを第一の戦闘方法として訓練していた。火力が軽視された結果、砲兵力の主体は三八式改造野砲、歩兵の機関銃は故障しやすくて有名な十一年式軽機関銃でとどまっていた。三八式というのは明治三八年制式化、十一年式というのは大正一一年制式化の兵器という意味であり、世界の兵器の進歩からはるかに遅れたものであった。

火力軽視は、技術の進歩を無視した精神主義に結びつかざるを得ない。この改正歩兵操典では、先述のように攻撃精神の必要を強調している。「勝敗の数は必ずしも兵力の多寡によらず、精錬にして且攻撃精神に富める軍隊は毎に寡をもって衆を破ることを得るものなり」と教えている。つまり何よりも大切なのは、死を恐れず、砲火を冒して、銃剣を振るって突撃することだと主張しているのである。

旅順の要塞に白兵突撃をくりかえして、陣地の前に屍体の山を築いた教訓は、少しも生かされていなかった。莫大な死傷者を出した第二師団の弓張嶺の夜襲は、かえって白兵突撃の操範として推奨された。まるで四〇〇年も前の長篠の合戦で、織田軍の銃砲隊に向かって突撃した武田軍を見習えといっているようなものだったのである。

こうした火力軽視、白兵主義は、火力装備にすぐれた近代軍隊にたいしてまったく通じなかった。ノモンハン事件はそれを如実に示したのに、依然として精神主義をかざしたままで対米英戦争に突入したのである。ガダルカナル島の一木支隊が、射撃を禁じ、白兵突撃で米軍を撃破できると信じて突撃し、米軍の自動小銃になぎ倒され、戦車に蹂躙されてたちまち全滅しても、そのことが何の教訓にもならずくりかえされた。弾幕の中に白兵で突入することで、どんなに無駄な犠牲が出ても、第一線の実情を知らない参謀や高級指揮官は、突撃を命じつづけたのである。

アメリカ軍の圧倒的に優勢な火力装備にたいして、ガダルカナル島に次々に送りこまれた日本軍は、比較にならない劣等な装備しか持っていなかった。制空・制海権がないため輸送船による兵力輸送ができず、駆逐艦などの海軍艦艇によるか、大発などの陸軍の舟艇による蟻輸送で部隊が送りこまれた。このため大砲などの重装備を運ぶことができず、小銃、軽機関銃などの歩兵の軽火器しか持ちこめなかった。それでも白兵突撃でアメリカ軍に勝てると信じて、兵力の逐次投入をくりかえしたのである。

歩兵一個大隊の一木支隊の失敗につづいて、歩兵一個旅団の川口支隊が送られた。この川口支隊は一個旅団といっても、輸送力の関係で重装備をまったく欠いた兵力であった。それでも白兵突撃で勝てると思いこんで、アメリカ軍の陣地に突撃し、砲弾の雨に晒された上に、自動小銃でなぎ倒されたのである。川口支隊の失敗の後に第二師団、さらに第十七軍とくりかえし歩兵中心の兵力を投入して同じ失敗をくりかえした。白兵が火力に勝てないという当たり前の原理を、どうしても理解しようとしなかった典型的な例がガダルカナルの敗北であった。

太平洋戦争で、陸軍の本格的な戦闘の緒戦となるガダルカナルで、火力の優越を見せつけられたのに、その後の対米英戦で日本陸軍は、それから何ものも学ばずに、まったく同じ戦法をくりかえし、無駄な犠牲を重ねていった。ソロモン群島でも、ニューギニアでも、フィリピンでも、さらにイギリス軍と戦ったビルマでも、日本軍は白兵主義を盲信して連合軍の火力の前に屍体を晒したのであった。

大砲、迫撃砲、機関銃、自動小銃などの、圧倒的に優秀な弾幕の中に、白兵だけを頼りに突撃しても、銃剣の届く距離に近づく前に全員がなぎ倒されてしまうという戦闘を、これでもか、これでもかとくりかえしたのが、日本軍の白兵主義であった。なぜこれほどまでに白兵主義にこだわったのだろうか。

第一の原因に、日本の工業力が貧弱なために、もともと近代的な火力装備を備えることができなかったことがある。日本軍の砲兵の主要火砲は、日露戦争のときにあわてて購入したドイツのクルップ社製七・五センチ砲身後座式速射野砲に手を加えた三八式野砲であった。重砲についてもこのときクルップ社から買った一二センチ榴弾砲と一五センチ榴弾砲、一〇センチ加農砲を三八式として制式化した(4)。この中の一五センチ榴弾砲は、日中戦争期まで日本陸軍野戦重砲兵の主役であった。日本の工業力では、火砲の近代化や大量生産ができなかったことの現れである。歩兵の装備にしても、日露戦争中に制定された三八式歩兵銃が歩兵火器の中心であるのにたいして、アメリカ軍は連発の自動小銃を備えていた。日本兵が銃剣を振りかざして突進していくのにたいして、アメリカ兵は自動小銃を腰だめにしてうちまくった。これではははじめから勝負にならなかったのである。

第二に補給輸送を軽視していたために、砲弾や銃弾の補給能力がきわめて低かったことがあげられる。歩兵は個人装備の弾丸をうちつくしたら終わり、砲兵も隊の段列の弾丸がなくなったらそれまでという状態なので、火力に頼る戦法をとることができなかったのである。

これについては私自身の体験もある。四四年の中国で私は第二十七師団の支那駐屯歩兵第三聯隊の第三中隊長として、大陸打通作戦に参加していた。九月、聯隊は湖南省茶陵で優勢な中国軍に包囲されていた。茶陵西南方に陣地を築いていた第一大隊は、前方の敵陣地が邪魔なので、私の中隊に攻撃を命じた。当時、打通作戦(一号作戦)の第二段階である湘桂作戦に参加するため、五月二六日武昌を出発していらいこのときまで、聯隊は何の補給も受けていなかった。このため弾丸が不足し、白昼の戦闘は困難だった。そこで中隊長の私は黎明攻撃を選んだ。

黎明攻撃というのは、夜間の暗い中を敵陣地直前まで忍んで行き、夜明けとともに突撃する戦法である。九月七日未明、私は士官学校で教えられた通り、部下に射撃を禁じ、中隊を率いて敵陣五、六〇メートル前まで近づいた。ところが対陣長きに及んでいたため、敵側の警戒も厳重で、突如一斉射撃を受けた。予め標定してあったらしく、敵の弾着は正確で、味方に少なからぬ損害を生じ、中隊長の私も右胸に盲管銃創を受けた(5)。

この窮境を抜け出せたのは、中隊指揮班長の准尉が投げた手榴弾と、中隊の後尾にいた擲弾筒の射撃であった。これらが命中して炸裂すると、敵は動揺して退却し、中隊は全滅を免れた。白兵は火力にかなわないという教訓を、身をもって学んだのである。それはまた精神だけでは戦闘に勝てない、という教訓でもあった。

〔注〕

(1)『歩兵操典』、一九〇七年版、教育総監部。

(2)加登川幸太郎『陸軍の反省(上)』、文京出版、一九九六年、一一二頁。

(3) 山田朗『軍備拡張の近代史』、吉川弘文館、一九九七年、一三三頁。
(4) 前掲、加登川幸太郎『陸軍の反省(上)』、一〇二～一〇五頁。
(5)『支那駐屯歩兵第三聯隊戦誌』、支駐歩三会、一九七五年、四九九頁。

2　兵士の人権

(1)　軍紀と服従

日本軍隊の特質にあげられるものに、兵士の地位がきわめて低く、その人権が顧慮されていないことがある。そのことを象徴的に示すものが、一章5節で述べたメレヨン島の事例である。一一〇ページにあげた表に示されているように、陸軍の死没者と生還者の階級別比率は、将校三三対六七、准士官二三対七七、下士官六四対三六、兵八二対一八である。すなわち准士官以上は七割が生還しているのにたいし、兵士の生還率はわずか一・八割であった。

メレヨン守備隊ではきびしい食糧軍紀が施行され、違反者にたいする処刑が行われた。そしてこの部隊は最後まで軍紀厳正であったとして、昭和天皇からとくに賞讃の言葉を述べられたのは既述した通りである。すなわちきびしい軍紀による服従の強制が、下級者である兵の人権を蹂躙したもっとも極端な事例がメレヨン島の場合だったのである。

厳正な軍紀を第一義とし、そのため下級者は上級者に絶対服従すべきだとしたのが日本軍隊の創建いらいの特色であった。上官の命令は天皇の命令であるとし、その当不当を論じるのを許さず、絶対服従を強制したのである。このような絶対服従の強制は一八八二年の軍人勅諭に端を発し、昭和期に入り勅諭の聖典化がすすむとともにきびしさを増していった。

はじめフランス陸軍を範とした日本陸軍は、西欧合理主義の痕跡も残していた。軍隊内務書の原型である一八七〇年に兵学寮から出された「仏国陸軍日典内務之部」[1]では、「服従総論」で軍隊における服従の必要を強調してはいるが、「下の者命令の不都合を訴ふる事あらば先づ其命令に服従し然る後ならでは訴ふることを許さず」と不当と考える命令について訴願の道を認め、また「兵士の勤務に便利ならしめんが為に法則は確定し且つ慈愛を兼るを要す」と合理的な考えを示していた。一八八二年に日本の典令としてはじめての「歩兵内務書」第一版が出されたが、その中の「礼節及ビ服従之定則」では「凡ソ命ニ服シ命ニ従フハ軍ヲ治ムルノ要領兵ヲ振スノ基ヒナルヲ以テ相互ニ上下尊卑ノ分ヲ乱スコトナク上タル者ハ下タル者ヲ愛シ下タル者ハ上タル者ニ恭順ヲ尽シ共ニ心ヲ公平ニ置キ諸事柔和ニシテ決シテ押付ケガ間敷取扱ヒ及不作法ノ振舞アル可カラズ」と、服従と礼節はセットになって説かれている。まだ絶対服従の強制ではなかった。

西南戦争後の一八七八年、陸軍最大の暴動で死刑五三名を出した竹橋騒動が起こった。この直後に陸軍卿山県有朋は「軍人訓誡」[2]を出して、軍紀の厳正と服従の必要を諄々と説いたが、ここでもまだ天皇の命令を持ち出しての絶対服従ではない。絶対服従を強調する上で画期的なのは、一八八二年の「軍人勅諭」である。勅諭発布の直接の契機は、一八八一年の四将上奏事件で、軍人の政治干与を戒めるためだとされているが、それよりも軍紀の維持と服従の必要を、天皇の名によって強調したことに意義がある。「下級のものは上官の命を承ること実は直に朕が命を承る義なりと心得よ」と上官の命令は天皇の命令として絶対服従を要求したのである。

軍紀と服従についての規則がきびしくなるのは、一八八五年から八九年にかけての軍制改革の時期からである。この改革は対外戦争を想定し、対内的軍備から対外的軍備への転換をはかるものであったが、この中で天皇制軍隊が外国の模倣を離れて、独自のイデオロギーをもって自立し始める。一八八七年、後の教育総監部の前身としての監軍部が創設され、山県有朋が初代の監軍となる。そして一八八九年監軍訓令第一号を出して、軍隊教育についての規準を示した。その中でとくに「軍紀」の項を設けて、はじめて軍紀の必要を明文をもって示したが、その中で「軍紀ハ培養ニ因テ之ヲ慣習セシメ得ベシ」とし、「兵率ノ身体上ニ監視ノ絶ヘ（ママ）ザル如クナシテ浸潤久シキニ渉ルトキハ遂ニ服従ト従順トヲ以テ慣習シタル軍紀ハ兵率第二ノ天性タルニ至ルベシ」としていた。つまり服従が慣性となるまで厳しく訓練せよと説いている。また同じ訓令の中で「懲罰ト軍紀トハ形ノ影ニ於ケルガ如ク即チ懲罰実施ノ要ヲ生ズル所ノ原因ハ軍事教育程度ノ浅深ニ応ズル者ニシテ教育善良ナレバ懲罰ニ触ルル者ナク従テ軍紀厳粛ナルベシ」と示している(3)。すなわちこの訓令は、兵士に服従を求めるのにさいして、その自発性を期待できないために、服従が慣性化するまで兵士を「監視」し、きびしい懲罰を加えることで服従を強制することを説いているのである。

このときの軍制改革は、典範令を外国のものの直訳から日本独自の思想を盛りこんだものに改訂することを意図していた。その中で八九年制定の「野外教務令草案」は、独自の「綱領」をその冒頭につけている。綱領の第五は「軍ハ軍紀ヲ以テ成ルモノナリ」として軍紀の厳正を強調している。第六は「軍紀ノ消長ハ一軍勝敗ノ所沢ナリ常ニ全軍ヲシテ能ク之ニ習熟シ第二ノ天性ヲ成サシムベシ」と軍紀の習熟化を要求している。その綱領は一八九一年制定の「野外教務令」にそのまま残り、その基本的な部分は、後の「陣中要務令」「戦闘綱要」「作戦要務令」に引き継がれたのである。

このような絶対服従の強制が、日本軍隊の特徴であった。もともと陸軍が範としたヨーロッパ大陸国の徴兵制の軍隊は、解放された独立自営の農民、すなわち自立した国民の存在を前提としていた。そうした国民を基盤とする兵士には、愛国心、自発的な戦闘意識を期待することができたのである。ところが日本では、明治維新はフランス革命のようなブルジョア革命とはいえず、農民の多くは未解放のままにとり残された。独立自営の農民が産み出されたのではなく、貧しい小作農や、地租の負担にあえぐ小農民が人口の過半数を占めていた。つまり兵士の愛国心、自発性に期待が持てなかったのである。そこで兵士にたいしては、機械的に服従するようになるまでの強制と習慣化に加え、一方ではきびしい規律と過酷な懲罰をもって接したのである。

上級者にたいする絶対服従の強制は、下級者である兵の人権を侵害することになるのは当然である。兵の人権にたいする配慮を著しく欠いたことも、日本軍隊の特徴といえよう。

(2) 無視された人権

明治維新後の日本を欧米の近代国家と比べると、国民の人権の尊重という点では比較にならない大きな差があった。大日本帝国憲法では国民ではなく「日本臣民」であり、その臣民の権利はことごとく「法律ニ定メル範囲」という制限付きであった。まして人権の尊重などという思想はまったくみることができない。日常の社会の中にも、人身売買や公娼が存在していたことに表れているように、人権蹂躙が公然と行われていたのである。

一般社会で人権感覚が乏しかったぐらいだから、強制と服従を建て前としていた軍隊内部では、兵士の人権はまったく無視されていた。兵士の人権無視は、一八七一年制定の海陸軍刑律[4]にも表れている。これは天皇制の軍隊がはじめて制定した刑律で、後の陸軍刑法、海軍刑法につながるものであるが、その内容はきわめて封建的である。刑の種別は、将校と兵士の間には大きな差がある。すなわち将校には自裁、奪官、回籍、退職、降官、閉門の六種、下士には死刑、徒刑、放逐、黜等《ちゅうとう》、降等、禁錮の六種、卒夫（兵卒、水夫のこと）には死刑、徒刑、放逐、杖刑《じょうけい》、笞刑《ちけい》、禁錮の六種の刑が科せられるとしていた。

将校にたいする自裁、閉門とか、卒夫にたいする杖刑、笞刑などはいかにも古めかしいが、兵士にたいして体罰を科するというのは、人権の完全な無視である。杖刑というのは、五十、四十、三十の別があり、必ず六週から四週の錮刑を兼ねることとし、錮の終わった後の一年間は賤役に服するものとされた。笞刑にも三十、十五の別があり、四ないし二週の錮が併科された。この刑律は一八八一年に陸海軍の刑法として分離され、さらに一九〇八年に全面的に改正された。ここでは抗命とか対上官暴行などの上官に対する犯罪の刑がきわめて重いのが特徴である。

さらに刑法で対処する犯罪のほかに、軽易な非違にたいしては、一一年に制定された陸・海軍懲罰令があった。この懲罰令は陸軍では中隊長以上、海軍では分隊長以上の指揮官が直属の部下にたいして懲罰権を持つものと定めている。隊長は裁判によらず自らの判断で部下を懲罰できた。陸軍では三〇日以内の重営倉か、軽営倉、海軍では三〇日以内の拘禁を課することが主要な罰であった。

こうした刑法や懲罰令による公的な刑罰以上に兵士を日常的に苦しめたものは、私的制裁であった。その禁止が、いくらくりかえし注意されても、私的制裁はなくならなかった。陰湿ないじめと暴力を伴う私的制裁ほど下級兵士を苦しめたものはない。野間宏の『真空地帯』をはじめとして、軍隊内の私的制裁がどんなにひどいものだったかを描いた作品は多いし、体験者は一様にその凄惨さを語っている。まさに軍隊内部は、下級者の人権を無視した真空地帯だったのである。

兵士の人権無視は、戦争の場合にもっともよく現れている。日清戦争における日本軍の人的損害は、戦死、戦傷死合わせてわずか一四一七名にすぎなかったのに、戦病死者は一万一八九四名に上ったのを特徴としている。(5) 戦死者の実に八・四倍の病死者を出しているのである。さらに出戦部隊の患者総数は一七万一一六四人、うち戦地入院患者一一万五四一九人、内地還送患者六万七六〇〇人に上っている。出戦部隊の総人員一七万三九一七人のほとんど全員が一回は患者になっている計算である。病死が圧倒的に多いということは、兵士の衛生や給養、とくに伝染病予防に十分の配慮が足りなかったということである。劣悪な給養で体力の消耗した兵士たちが、不衛生な環境で赤痢やコレラに倒れ、みすみす生命を奪われたのである。兵士の人権を尊重していれば、もっとこうした面での対策が十分に行われ、被害は少なかったであろう。

(3) 生命の濫費で勝利を購《あがな》う

日清戦争が戦陣衛生の配慮を欠いて、悪疫瘴癘《あくえきしょうれい》に多数の兵士を倒し、その犠牲の上に辛うじて勝利を得たのにたいし、日露戦争は文字通り兵士を肉弾とし、その生命で勝利を購ったのであった。野戦重砲や機関銃など日本軍よりはるかに近代化した火力装備を持ったロシア軍にたいし、装備の不良、砲弾の不足に悩む日本軍は、歩兵の突撃で勝負を挑んだのである。ベトンで固めた本格的な永久堡塁《ほうるい》である旅順要塞にたいしてさえ、銃剣を振るっての総攻撃をくりかえした。結果としては勝利に終わったとはいえ、兵士の生命の莫大な犠牲を払って、ようやく得た勝利だったのである。

日露戦争は兵器の進歩による戦術の転換期であった。火器の進歩によるその威力の増加は集団突撃の威力を低下させた。火力が陸上戦の勝敗を分ける段階に入ったのに、日本軍は逆に白兵こそが勝敗を分ける手段なのだとした。そして白兵突撃を成功させるためには、精神的要素を何より必要とし、精神力を強調した。そのためには、生命を軽《かろ》んじ、天皇のために死ぬことこそ日本男子の使命だとする考えを、公教育の中で徹底させた。いわば死ぬことが日本人の美学であり、天皇に生命を捧げることが最高の美徳だとしたのである。

近代装備を持った軍隊の鉄壁の防御陣に銃剣を振るって突入すること、自動小銃や機関銃の弾幕に白兵で対抗することが、いかに生命の濫費であるかは、日本軍が次々に立証していった。一九三九年のノモンハン事件は、ソ連軍の火力に日本軍の白兵がまったく無力であることを証明したはずであった。対米開戦いらいの本格的戦闘もすべて同じことのくりかえしである。

日本陸軍が日露戦争いらい強調した歩兵の白兵突撃第一主義は、第一次大戦後の世界では通用しなくなっていた。飛行機、戦車、強力な火砲、機関銃、毒ガス、火焔放射器などの新兵器が現れ、火力の圧倒的優位に歩兵はなぎ倒されるばかりであった。ところが日本軍は、第一次大戦では戦闘の圏外にあり、その後も装備の劣等な中国軍との戦いしか経験しなかった。そのため日本軍は、日露戦争時代の装備のままで、日露戦争後は過去の遺物となってしまった歩兵万能の白兵主義を信奉しつづけた。それがいかに生命の濫費であったかを、たびたび痛烈にみせつけられても改めなかったのである。

生命の濫費の代表例はガダルカナルである。一木支隊の攻撃失敗は、白兵突撃が米軍の銃砲の火力と戦車の前にまったく無力であることを暴露した。それなのに川口支隊、第二師団と同じことを規模を大きくしてくりかえしては兵士の屍を米軍の陣地前に晒した。その後は補給が絶えて、無駄に餓死していくのを見送ったのである。

その後、ソロモン群島やニューギニアの戦闘も、ビルマやフィリピンも、壮大な生命の濫費をつづけるだけの戦闘となった。兵士の人権と生命を軽視したことの結果といえよう。

もっといえば、兵士の人権に配慮しない日本軍の体質が、大量餓死をもたらしたのである。

〔注〕

（1）大島恭次郎訳『仏国陸軍日典内務之部』、兵学寮、一八六九年。
（2）陸軍卿山県有朋「軍人訓誡」（『日本近代思想大系　軍隊　兵士』、岩波書店、一九八九年、一六二〜一七七頁）。
（3）同前書、一八〇〜一九九頁。
（4）松下芳男『明治軍制史論集』、育生社、一九三八年、二四八〜二五〇頁。
（5）参謀本部編『明治二十七八年日清戦史第八巻』、東京印刷、一九〇七年、付録第二十、第二十一。

3　兵站部門の軽視

(1)　差別されていた輜重兵科

補給を無視して作戦計画を立てたり、将兵の衛生や給養の状態を考慮せずに戦闘を指導してきた日本軍は、もともと衛生や輜重など後方部門を軽視し、戦闘を主任務とする一般兵科と差別していた。これは海軍も同様で、兵站や輸送部門の担当者は、一般兵科の者より一段階下に位置づけられていたのである。

陸軍における兵站、輜重の軽視は、同じ兵科でありながら、輜重兵が差別されていたことに表れている。明治いらい大正末期に航空兵科が独立するまでは、陸軍の兵科は歩、騎、砲、工、輜重の五つであった。この中で輜重兵は、実際問題としては他兵科よりは一段格下扱いで軽視されていた。

陸軍は明治いらい敗戦までに一三四人もの大将を出しているが、この中に輜重兵科出身は一人もいない。兵科の区別のなかった初期の西郷隆盛など八人の大将を別にすれば、残りの一二六人の大将の内訳は次の通りである。歩兵出身が九二人、騎兵出身が一一人、砲兵出身が二〇人、工兵出身が三人となっている。輜重兵出身者で昇進した例はないのである。

陸軍における出世の条件である陸軍大学校の卒業生にも輜重兵科の者はきわめて少ない。第一期から一九三六年度卒業（以後は兵科廃止）の第五三期生までに、二二六一名の陸軍大学校卒業生が出ているが、そのうち輜重兵科の者はわずかに二七名にすぎないのである。(1)とくに第一期から第九期までは一人もなく、その後もせいぜい一期当たりただ一人で、例外は第三四期の三人、第三五期の二人があるだけである。

その上もっともひどい差別は、幼年学校出身者は輜重兵科には行かないという不文律があることであった。陸士の予科を卒業する段階で、生徒は各兵科に配分され、それぞれ全国の部隊に所属して隊付の経験をすることになる。そのさい各人が兵科や任地の希望を申し出ることになっているが、華やかな騎兵や歩兵に志願が集まり、「ミソ」と蔑視されている輜重兵には志願者がいないのが当たり前であった。そこで学校当局が志望を参照しながら兵科、任地を割り振るのである。そのさい兵科によって優劣の偏りが起こらないように、士官学校の卒業成績が平均化されるように考慮して配分される。そうすると幼年学校出身者が成績の上位を占めることが多いので、中学校出身者で成績が良いと輜重兵に回される率が高いという結果が現れたのである。柴山兼四郎（陸士24期、以下数字で表す）や小畑信良（30）などが、中学校出身で輜重兵科に回された例である。この例からみても輜重兵科には比較的に柔軟な思考の持ち主が多かったといえるであろう。

輜重兵科軽視の極端な例は、兵監部にも現れていた。歩兵を除く各兵科には教育総監部の中に兵監部があって、その兵科専門の教育訓練を担当していた。それだけでなく各兵科の人事についても発言権を持っていたので、各兵監の権力は絶大であった。そして騎兵監、砲兵監、工兵監には、その兵科のもっとも優秀な人材が就任するのが例だったのに、輜重兵監には、他兵科の者が任命される場合さえあった。こうした輜重兵科軽視について、陸軍省人事局長だった額田坦《ひろし》は次のように回想している[2]。

> 輜重兵科を軽視したことは、国軍の欠陥であり、永く幼年学校出身者を輜重兵の士官候補生に編入しなかったなどは、過誤といわざるをえまい。陸大への入学者も少なく、昭和十五年竹内俊二郎輜重兵監（23）は、補任課長たりし筆者に対し、各期に少なくも陸大出身者一名ずつを転科させてくれ、と要望されたこともある。

幹部の補充の面だけでなく、兵員の徴集の面でも輜重兵科は特別扱いであった。戦時、輜重兵の兵員の多くは、輜重特務兵で充当されていた。例えば、一九三八年度の徴集兵の配賦区分表によれば、輜重兵が現役兵九六四一、第一補充兵七八五三、計一万七四九四にたいし、特務兵は現役兵一万四五三三、第一補充兵一万五六〇九、計三万一四二で、はるかに特務兵の方が多い(3)。しかもこの時期には、召集された予後備兵、とくに特務兵として召集された第一補充兵が、臨時召集部隊に圧倒的に多かったのである。

既存の軍隊を動員する充員召集の場合でも、臨時編成部隊のための臨時召集の場合でも、歩兵聯隊や大隊の大行李、小行李、砲兵聯隊の段列は、ほとんど召集兵によって編成された。そして兵の大部分は、未教育の第一補充兵役を充当した輜重特務兵であった。

輜重特務兵には進級の制度がなく、万年二等兵であったことも、一般の兵士以下にみられていた理由である。日中戦争が拡大し、特務兵の応召期間を長期化したので、三七年末に特務兵にも一等兵の階級を設け、二等兵からの進級をはかり、次いでさらに上等兵にすすむ道を開いた。しかし輜重兵は軍刀を帯《お》びているのに、特務兵は銃剣だけと、服装でも差別の解消は不徹底であった。三九年三月陸軍の兵科部、兵種及等級表の改正で、輜重特務兵と補助衛生兵の名称を廃し、一律に輜重兵、衛生兵とするまで、この差別的名称は残ったのである。

輜重特務兵というのは、もともと輜重輸卒という差別的名称だったものを、昭和のはじめに改称したのである。輜重輸卒は、兵器を持たず、日清戦争以前の人夫に当たるような地位にあったので、兵士の中でも蔑視されていた。兵隊の中での俗謡に、「輜重輸卒が兵隊ならば、電信柱に花が咲く」と唱われていたほどである。特務兵には多く未教育の補充兵が充てられ、輜重兵の監督の下に駄兵《ぎょへい》などとなっていたのだが、人数は多かった。補給、輸送の軽視が、このような差別された兵を作り出したのである。

(2) 経理部への差別

軍隊の会計、経理、さらに衣食住いっさいのことをつかさどるのが経理部である。一八七一年に兵部省の職員令が定められたとき、会計局および各鎮台に専門の計理官を置き、監督長、監督などの官等を定めた。七二年陸軍省、海軍省が分かれ、七三年陸軍省条例が定められると、監督長、監督、副監督、軍吏正、軍吏、軍吏副などの官等が定められた。一九〇八年の陸軍官等表の改正により、経理部の将校の階級は、主計総監、主計監、一等～三等主計正、一等～三等主計となった。これは軍医部の軍医総監、軍医監、一等～三等軍医正、一等～三等軍医と同じく、将校相当官と呼ばれ、一般の将校とは区別された。経理部、軍医部の将校相当官は兵科将校とは明確に差別されており、指揮権を持つことができず、礼式の上では部隊の敬礼を受ける資格がなかった。軍隊の中で指揮権や敬礼の面で差別されているということは、各部将校が兵科将校よりも下位に置かれており、実権を持てないことを意味している。つまり主計や軍医は、たとえ階級が上位であっても部隊を指揮する権限がなく、また部隊から敬礼を受けることができない。形式的なことでも、軍隊の中ではこのことは大きな意味を持つのである。

経理部が軽視されていることは、経理部将校の補充制度に一貫性がなかったことにも表れた。一八八六年陸軍軍吏学舎を創設して、下士官クラスの書記の中から選抜した者を短期間教育して三等軍吏に任じ、一方兵科将校から転科した者を軍吏に任用する場合もあったが、一貫した制度はなかった。一九〇三年主計候補生制度を採用し、士官学校に準じて、一般の中学出身者を選抜して主計候補生とし、中学校出の士官候補生と同じように半年間の隊付勤務を経た後に、陸軍経理学校で教育した。この主計候補生出身者を、兵科における士官学校出身者と同じように、経理部将校の一元的補充制度にしたのである。主計候補生第一期は陸士の第一九期に当たり、以後主計候補生第一六期（陸士第三四期相当）までこの制度がつづいた。しかしこの制度も一九二二年に軍縮のために廃止され、経理部将校の補充は、一般兵科からの転科と、一般大学出身者の採用によることになった。だが一般大学出身者は、候補生出身者に比べて軍隊の実情にうとく、また同じ帝大出身の他省の官吏にたいし劣等感を抱くという欠点があった(4)。

このため候補生制度の復活を希望する声が内外から高くなったので、三五年経理部士官候補生第一期（陸士第五二期相当）から候補生制度を復活させ、中学出身者を選抜して経理学校で教育する経理部士官候補生制度をとることになった。こうして中学校出身者から選抜されることになった陸軍経理学校の候補生採用試験は、「天下の秀才を集め得た」（西浦）。それは士官学校や海軍兵学校よりも近視の程度が緩和された結果で、このころの軍国的気運も反映していたのであろう。

経理部将校、とくに候補生出身者が柔軟な思考を持ち、実務的能力にすぐれ、幼年学校、陸士、陸大の優等生である観念論者よりはるかに勝っていたと、陸軍省軍事課の経験者である西浦進や加登川幸太郎は述べている。

しかしいくら実務能力があっても、経理部将校と兵科将校の間の差別はなくならなかった。四一年六月、朝鮮会寧の重砲兵聯隊で、経理部士官候補生第一期生の三沢稔主計中尉が、経理部にたいする侮辱的言辞を怒って、同部隊の兵技中尉を斬殺するという事件が起こった。(5)この三沢事件は、陸軍将校全般に広がる経理部将校にたいする差別感、蔑視感を象徴的に示す事件であり、三沢中尉の公判でも弁護人によってその点が強調された。

一般兵科に比べて経理部が差別されてその地位が低かったので発言権も小さかった。経理部の発言権の小さいことは、補給や給養についての配慮と関心の少なさを表しているといってもよい。それが参謀の作戦計画の立案にも、司令官の戦闘指揮にも、大きく影響していることはいうまでもない。経理部軽視ないし蔑視が、日本陸軍の大きな欠陥であった。

(3) 軍医部の地位向上策

日本軍に兵士の人権と生命にたいする配慮が乏しかったことは、兵士の健康や軍陣衛生への関心の低さにつながっている。日清戦争の戦病死者が、戦死者の一〇倍以上に達していたことに表れているように、戦病死率の高さは、軍隊における兵士の地位の低さ、衛生への関心の低さに通じているのである。

そしてこのことは、軍内部における軍医部の相対的地位の低さにも表れている。軍医部は兵科とは別に各部として扱われ、階級、呼称、礼式、服装などで明確に区別されていた。そのことは経理部のところで述べた通りであるが、各部の序列では軍医部は経理部の次位に置かれていた。陸軍省の官制でも、経理局は主計課、監査課、衣糧課、建築課の四課を擁しているのに、医務局には衛生課、医事課の二課があるにすぎなかった。

なお衛生課と医事課がどう違うのかは、事務分掌を読んでもわかりにくい。これについて陸軍省軍事課に長くいた西浦進は、次のようにいっている。「この二課の仕事の分界をはっきり判るのは、可成り陸軍省に長くいた人でもむずかしい。それではどうしてこの二課をおくか。色々原因もあろうが、嘗《かつ》て大体において衛生課は大学出、医事課は医専出の牙城で、その仕事の分野を確保して陰然対立していたものである」(6)。軍医の出身別による派閥対立のすさまじさを示しているが、同じ大学出でも「東大閥、京大閥と学閥の闘争は甚だしい」ともいっている。

こうした派閥対立が起こるのは、陸海軍ともに、兵科将校や経理官のような独自の養成制度を持たず、軍医の養成は一般の大学や医専に委ねていたからである。ここにも軍医部門の軽視が表れているといえよう。

このため軍医官の中には、その地位の向上のための切実な要求が生まれていた。その地位向上運動の先頭に立っていたのが、石井式濾水機の発明者石井四郎である。石井は一九二一年京都帝大医学部を卒業して陸軍二等軍医となり、二八〜三〇年の間欧米に出張、帰国後陸軍軍医学校に防疫研究室を作り、無菌濾水機を発明して、三六年これを制式化させた。三七年上海で戦火が拡大すると、上海派遣軍にコレラが発生し大きな被害が出たが、これにたいし石井式濾水機を装備した給水部隊が派遣されて効果をあげた。もともと給食や給水は経理部の仕事であり、また工兵の作井隊が前線への給水の一翼を担っていた。そこでこの給水部隊の所管をめぐって縄張り争いが起こったが、軍医部は自ら発明した濾水機をとり扱うという理由で、「防疫給水」を軍医部の所管とすることに成功し、さらに三八年から各師団の動員計画に防疫給水部を軍医学校で編成して所属させることに成功するのである。

給水部門を経理部や工兵から軍医部に奪っただけではない。軍医部の地位向上のためには、防疫のための細菌研究をさらにすすめて、攻撃兵器として細菌を利用することの必要を石井は強調した。折柄対ソ戦備の不備が痛感されていたときなので、石井のための細菌戦研究の機関として、三六年八月関東軍防疫部が創設され、二等軍医正だった石井はその部長となった。この機関は関東軍防疫給水部（通称七三一部隊）と名を変え、膨大な予算と人員を擁する秘密の細菌戦研究部隊となった。石井は三九年いったん中支那派遣軍防疫給水部長となるが、四〇年関東軍防疫給水部長となり、四二年軍医学校に戻るが、四五年また関東軍防疫給水部長、陸軍軍医中将として敗戦を迎えるのである。石井は細菌戦をとり上げることで軍医部の地位向上運動の先頭に立ったのである。常石敬一は、はじめて細菌戦部隊をとり扱ったその著書の中で、「地位向上運動」という項目を設け、石井の活動を軍医部の地位向上運動としている[7]。

軍医部の権益拡大、地位向上の要求が行きつくところ、細菌戦研究を重視することになり、その手段の一つとして非人道的な人体実験をくりかえし、稀有の戦争犯罪となった七三一部隊を生み出したものといえる。

〔注〕

（1）日本近代史料研究会編『日本陸海軍の制度・組織・人事』、二七一～三一四頁。

（2）額田坦『陸軍省人事局長の回想』、芙蓉書房、一九七七年、五一頁。

（3）『戦史叢書・陸軍軍戦備』、一九七八年、一二三頁。

（4）西浦進『昭和戦争史の証言』、原書房、一九九〇年、九八〜九九頁。

（5）柴田隆一、中村賢治『陸軍経理部』、芙蓉書房、一九八一年、一一四〜一二五頁（「三沢事件の真相」）。

（6）前掲、西浦進『昭和戦争史の証言』、九九頁。

（7）常石敬一『消えた細菌戦部隊――関東軍第七三一部隊』（海鳴社、一九八一年、『増補版』海鳴社、一九八九年、『文庫版』筑摩書房、一九九三年）、『文庫版』四九〜五三頁。

4 幹部教育の偏向

(1) 精神重視の教育と幼年学校

日本陸軍の幹部養成は、一元的な陸軍士官学校を軸として行われていた。士官学校の準備段階に、一二、三歳から入学させるエリート養成の陸軍幼年学校があった。また高級幹部養成のために、士官学校を卒業して任官した者の中から選抜試験で選んで司令官や参謀のための教育をする陸軍大学校もあった。

この幹部養成の専門学校である幼年学校、士官学校、大学校の教育の特徴として一貫しているのは、精神教育がきわめて重視されていたことである。例えば士官学校では、初級将校に必要な実務を修得させることよりも、武人としての徳操を磨くことが重視された。そこでの戦術教育は、大隊、中隊といった小部隊の運用などは二の次で、もっぱら師団長の決心いかんが問題であった。目の先の実用よりも、三〇年先になるかどうかわからない師団長の戦略単位である師団の運用を教えたのである。これは実用よりも精神訓練に重きを置いたもので、堅実な運用よりも放胆な決心、意表を衝いた戦法が推奨された。そして将校となったからには、出世よりも名誉の死を、天皇のために死ぬことこそ軍人の本分と心得よと徹底的に教えこまれた。

陸軍大学校教育はより以上に観念的であった。そこでは学生が卒業後に就くであろう参謀の、兵站や情報の実務を教えるよりも、もっぱら軍司令官以上の大軍の統帥を、戦略戦術の問題として教えていた。そしてどの学校でも強烈なエリート意識を育てていた。陸大出身者の「尊大、驕慢《きょうまん》」、猛烈なエリート意識が、どれだけ軍を、そして日本を誤らせたかしれない。そしてその教育が兵站や補給の問題を軽視していたことが、今次大戦の大量餓死発生につながったのである。

ここではもっとも偏向していた、それだけに弊害の大きかった幼年学校をとり上げる。それは統計的に一般の中学出身者よりも幼年学校出身者の方がはるかに陸大へすすむ率が高く、しかも陸大の成績が上位で高級幹部となるものが多かったからである。

陸軍将校の養成機関である士官学校への入学以前に、年少時代からの予備教育をする幼年学校制度は、一八世紀ごろから大陸の陸軍国フランス、プロイセン、ロシアなどで発達し、第一次世界大戦に至った。日本では幼年学校の前身は、ヨーロッパの軍事知識や技術を学ぶための語学教育から始まった。一八六九年（明治二）五月、新政府は幕府の語学所を引き継ぐ形で横浜語学所を設け、生徒にフランス語を学ばせた。翌七〇年五月この語学所を大阪兵学寮に移して幼年学舎とした。その生徒は、兵学寮青年学舎の青年生徒にたいして、幼年生徒とされた。七一年一月兵学寮は東京に移り、七二年五月幼年学舎は幼年学校と改称されて兵学寮から独立した。これが幼年学校の名称の始まりである。

七四年一〇月陸軍士官学校条例が制定され、士官学校が発足し士官生徒を入学させることになった。幼年学校、士官学校の独立により、七五年に兵学寮は廃止され、さらに七七年一月幼年学校も廃止されて士官学校に合併された。すなわち士官学校は、幼年生徒と士官生徒の二種類の生徒を教育する学校となり、士官生徒となるには、幼年生徒を卒《お》えた者と、公募で試験に合格した者の両方の道が存在した。

八七年六月、将校養成制度が改正され、士官生徒に代わって士官候補生制度が設けられ、幼年学校が再び独立した。幼年学校を卒業した者と、一般の中学校を卒業して選抜試験に合格した者が、士官候補生として士官学校に入学することになった。これまでが幼年学校の前史である。

日清戦争後の九六年五月、幼年学校制度に大改革が行われた。今までの陸軍幼年学校を廃止して、陸軍中央幼年学校と陸軍地方幼年学校六校を設立し、陸軍士官学校への入学以前に、五年間のエリート教育を行うことになった。その設立の趣旨(1)では、将校に必要な軍人精神を涵養するために、幼少のときから教育して第二の天性を作るのだとしている。そして望ましい生徒は「富者の子弟」と「軍人の子弟」から選抜するとしている。

新しい幼年学校は、選ばれた将校の子弟と富者の子弟に少年時代から特別の軍人精神養成を行う学校とされた。これによって幼年学校出身者が陸軍将校の中核となる制度が出発した。その制度とは次のようなものであった。

東京、仙台、名古屋、大阪、広島、熊本の六カ所（当時の師団司令部の所在地）に、それぞれ陸軍地方幼年学校を設け、一三歳から一五歳までの生徒を入学させて、三年間の普通教育を行い、将来の陸軍の中核となる人物の養成をはかる。各校の一学年は五〇人とし、全国で三〇〇人を採用する。生徒は一カ月六円五〇銭の納金が必要だが、陸海軍将校の子は半額、戦死者の子は免除とされた。また従来の幼年学校は、陸軍幼年学校と改称し、地方幼年学校を卒業した者に、さらに二年間の教育を行って普通学を高めるとともに軍人精神を涵養した。幼年学校の語学教育は、フランス語、ドイツ語、ロシア語の三カ国語とされた。

このうち、東京地方幼年学校は日露戦争直前に中央幼年学校に合併されてその予科となった。そして従来の中央幼年学校は本科となり、予科と、その他の五つの地方幼年学校の卒業生をあわせて教育した。したがって地方幼年学校または中央幼年学校予科と、中央幼年学校本科をあわせて、幼年学校は約五年間の教育を行うことになったのである。

九七年に最初の地方幼年学校生徒として入学した約三〇〇名は、五年後に中央幼年学校を卒業し、公募で士官候補生に採用された一般中学卒業生約四〇〇名とともに、第一五期生として士官学校に入学し、一九〇三年一一月に士官学校を卒業して、日露戦争に最若年の将校として参加したのである。これ以後の士官候補生は、約三〇〇名の幼年学校出身者がその中核となっていく。例外は日露戦争中に召集試験が行われた第一九期生で、中学卒業者のみの約一一〇〇名の多人数であり、逆に第二〇期生は幼年学校卒業者だけの三〇〇名弱であった。

この制度が二〇年以上つづいた後、二〇年（大正九）に大改正が行われた。陸軍中央幼年学校本科を陸軍士官学校予科と改め中央幼年学校予科を独立させて東京陸軍幼年学校とし、他の五つの地方幼年学校を、それぞれの陸軍幼年学校と改称した。そして士官学校予科には中学校四年修了者から採用した生徒と、幼年学校卒業生を入学させることになった。これは原内閣の学制改革で、一般の中学校四年修了者が高等学校へすすめるようになったため、優秀な人材を先に高等学校にとられないように、採用年齢を下げたのである。それによって中学校出身者は、今までのようにいきなり士官候補生として軍隊に入るのではなく、幼年学校出身者と一緒に、二年間士官学校予科で将校生徒としての教育を受けることになった。士官学校二五年卒業の第三七期生以後は、この新制度によるものとなった。

その後陸軍軍縮によって二二年から二五年の間に、大阪、名古屋、仙台、広島、熊本の五つの幼年学校がいったん廃止され、東京陸軍幼年学校だけが存続した。三六年（昭和一二）からの軍備拡張に伴って、広島をはじめとして順次に五つの幼年学校が復活し、その定員も戦時下に大幅に拡大された。士官学校の最後の卒業生となった第五八期生までに、約三万七〇〇〇名の士官候補生出身の将校が生み出されたが、その約三分の一、約一万二〇〇〇名が幼年学校出身であった。そして陸士一五期から四〇期代半ばまでの幼年学校出身者中のエリートが大戦期の陸軍の中核となったのである。

(2) 幼年学校出身者の要職独占とその弊害

士官学校の同期生の中では、幼年学校出身者が中学校出身者よりもほとんどの場合成績で優位に立っていた。一九二〇年以前の中央幼年学校時代は五年間も、陸士予科ができた同年以後でも三年間、幼年学校出身者は中学校出身者よりも余分に軍服を着て将校生徒の経験をしていることになる。少年時代から二四時間管理された共同生活の中で、規則正しい学習に慣らされ、体操や武技の訓練を受けてきた者と、一般の中学で自由な生活をしてきた者とでは、士官学校の教育にたいする適応力に大きな差が生じてくる。したがって士官学校の成績の上位に幼年学校出身者が多くなるのも当然であった。

さらに陸士を卒業して将校に任官した後も、幼年学校出身者は将校団の中で特権的な存在となり、鞏固《きょうこ》な団結を保っていた。そしてその多くが出世の階段である陸軍大学校を目指したのである。陸大の受験勉強の上でも、幼年学校出身者の訓練された勉強の仕方が有利だった。また陸大の入試で大きな比重を占めている再審試験（面接）でも、軍人にふさわしい資質があること、試験官に先輩が多いことなどの理由で、幼年学校出身者が有利だったといえる。松下芳男『明治軍制史論・下巻』によると、陸士第一五期（幼年一期）から第二四期（幼年九期）までの陸大卒業者は次のようになっている。(2)

	陸士卒業人員	陸大卒業人員	百分比
幼年学校出身者	二二〇〇	一八五	八・四〇
中学校出身者	四二九二	一七一	三・九八

つまり幼年学校出身者の方が、中学校出身者よりも陸軍大学校へすすむ率がはるかに高いのである。

加登川幸太郎『陸軍の反省（上）』には、「加登川の経験した陸軍の閥」という一節がある。加登川は中学校出身で陸士四二期だが、四〇年陸軍省軍務局軍事課に補任された。ここで体験したこととして、幼年学校出で歩兵が有利だということで、「人事を担当する補任課の課員というのは、幼年学校出であって、歩兵に限るという内規がある。天保銭には限らないが、通常陸大出である」(3)と書いている（陸大卒業生は三五年に廃止されるまで「陸大卒業徽章」を胸につけていた。この徽章は楕円形の銅銭である天保通宝に似ているので、天保銭が陸大出の俗称になっていた）。

内規がどういうものかわからないが、日中戦争開始時の一九三七年から敗戦までの陸軍省人事局補任課長を列挙すると次の通りである(4)（氏名の下の数字は陸士の期別、下の括弧内は陸大の期別）。

加藤　守雄	（24）	仙台地幼	歩兵	（陸大32）
青木　重誠	（25）	名古屋地幼	歩兵	（陸大32）
額田　坦	（29）	広島地幼	歩兵	（陸大34）
那須　義雄	（30）	仙台地幼	歩兵	（陸大40）
岡田　重一	（31）	大阪地幼	歩兵	（陸大41）
新宮　陽太	（38）	熊本地幼	歩兵	（陸大47）

たしかに全員幼年学校出身の歩兵で陸大卒業生である。

また同じ個所で加登川は、「参謀本部第二課、即ち作戦課と教育総監部の第一課、それと軍事課は慣例として、幼年学校出で陸大優等組が採用される」としている。日中戦争開始後の軍事課長を列挙すると次の通りである（☆は優等生）。

町尻　量基（21）	名古屋地幼	砲兵	（陸大29☆）
田中　新一（25）	仙台地幼	歩兵	（陸大35）
岩畔　豪雄（30）	名古屋地幼	歩兵	（陸大38）
真田穣一郎（31）	仙台地幼	歩兵	（陸大39）
西浦　進（34）	大阪地幼	砲兵	（陸大41☆）
二神　力（34）	広島地幼	歩兵	（陸大41）
荒尾　興功（35）	仙台地幼	歩兵	（陸大42☆）

この場合も全員が幼年学校出身で陸大卒業生である。

陸軍の要職の中でも、もっとも重要な意味を持つ部署であり、日本の命運をも左右したのは参謀本部第一部の第二課（作戦課）であることはいうまでもない。その作戦課長と作戦課の中の作戦班には、幼年学校出身で陸大卒業生、とりわけ陸大の優等生（天皇から賞品を与えられたので恩賜と呼ばれた）が配置された。また陸大の優等生やそれに近い者は、卒業後外国駐在員となることが多かった。次に示すのは日中戦争開始後の作戦課長であるが、ここには外国駐在、または出張の経験を加えた。幼年学校出身者は独、仏、露の三カ国語のいずれかを学んでおり、英語、中国語を学ぶのは中学校出身者であることに着目の要があろう。

武藤　章（25）　熊本地幼　歩兵　（陸大32☆）ドイツ駐在
河辺虎四郎（24）　名古屋地幼　砲兵　（陸大33☆）ソ連武官
稲田　正純（29）　広島地幼　砲兵　（陸大37☆）フランス駐在
岡田　重一（31）　大阪地幼　歩兵　（陸大41）
土居　明夫（29）　大阪地幼　騎兵　（陸大39☆）ソ連駐在
服部卓四郎（34）　仙台地幼　歩兵　（陸大42☆）フランス駐在
真田穣一郎（31）　仙台地幼　歩兵　（陸大39）
天野　正一（32）　名古屋地幼　歩兵　（陸大43☆）ドイツ駐在

幼年学校出身で陸大優等生というのは、作戦課長の多くを占めていることが明らかである。作戦課作戦班に補任される者は、幼年学校出身、陸大優等生が多く、彼らが参謀本部を実質的に動かしたのである。対米開戦へ参謀本部を引きずった太平洋戦争開戦前後の作戦課作戦班の主な班員をあげれば次の通りである（課長としてすでに挙げた者を除く）。

辻　政信（36）　名古屋地幼　歩兵　（陸大43☆）

島貫　武治（36）　仙台地幼　歩兵　（陸大45☆）
井本　熊男（37）　熊本地幼　歩兵　（陸大46）
高瀬　啓治（38）　中幼予科　歩兵　（陸大44☆）
高山　信武（39）　仙台地幼　砲兵　（陸大47☆）
瀬島　龍三（44）　東京地幼　歩兵　（陸大51☆）
原　四郎（44）　東京地幼　騎兵　（陸大52☆）

この時期、すなわち日中戦争前の主要な人物をみても、このような傾向ははっきりしている。幼年学校出身者が加わる第一五期生以後では、梅津美治郎（15）、永田鉄山（16）、東条英機（17）、山下奉文（18）などが、いずれも幼年学校出身でしかも陸大卒業後ドイツ駐在の経歴を持ち、東条以外の三人は陸大の優等生である。

これらの事実から、陸軍においては、全将校の三分の一以下の幼年学校出身者が中学校出身者よりは優位を占め、主要な地位を独占していたといえる。とくにドイツ語を専攻し、陸大を優等生で卒業し、ドイツ駐在を経験した者が最高の地位に上る率が高かったのである。

幼年学校出身者が中学校出身者より有利であっただけではない。士官候補生が歩、騎、砲、工、輜重の五兵科に配分される場合に、幼年学校出身者は輜重兵には一人も行かないという特権を持っていた。補給を軽視する日本陸軍の特徴ともいえることだが、五兵科の中で輜重兵は「ミソ」と呼ばれて蔑視された。幼年学校出身者は輜重兵にならないというのは、こうした風潮の中では特権だったのである。

先に引用した松下芳男『明治軍制史論・下巻』は、日露戦争後の幼年学校制度確立の部分にとくに「陸軍幼年学校の功罪」という節を設けて功罪、とくにその弊害を論じている。(5)

そこにあげられている弊害とは次の四点である。

「第一は、少年時代から特殊な軍人教育を受ける結果、その思想はともすれば偏狭になり又正常の感情を欠き、軍国主義的、封建主義的、武断主義的に傾くのである。軍人のこの思想的傾向はその武職に止る限り、或る程度は許されるものかも知れぬ。しかしながらこれらの軍人が政治に関与し、所謂《いわゆる》軍閥としてその政治的特権を濫用したとき、国家として憂慮すべき事態を招来したのである（以下略）」

「第二は、幼年学校の教育が軍人至上主義的に傾けることと、三年乃至五年間共同の寄宿生活をすることのために、自尊心と同類意識とが余りに強く、従って排他的になり易く、ここに中学校出身者との間に対立軋轢《あつれき》関係が生じ、陸軍士官学校に於ける期間のみならず、殆んど全陸軍生活を通じて、その事実が消滅するに至らず、陸軍の統一を害したこと必ずしも少しとしなかった（以下略）」

「第三は、少年時代の思慮尚お足らず、処世的意思が尚お定らざる時に周囲の様々の関係と影響とによって幼年学校という特殊の専門学校に入る結果、入学後或は将校になった後、その軍人という職業がその性格と合致しない者もあり得るわけであるが、その者は国軍として不適当な将校、個人として不幸な人間となる（以下略）」

「第四は、幼年学校出身者は全部独仏露三国の何ずれかの語学を学んだ者であるが、このことから彼等の外国留学は、大体その学修せる語学の国であり、外国駐在武官としての任地もまたその国である。従って幼年学校出身者には、比較的独仏露三国の事情に精通せる者が多い。中学校出身者は之れに反して、大部分は英語を学修せる関係上、英米系諸国の事情に通ずる者が多い。然るに第一に述べたように、幼年学校出身者に優秀者多く、従って陸軍大学校を経て、陸軍の要路要職を占めた者が、中学校出身者に比し比較にならぬほど多かった。ここに於いて偶然ながら陸軍の中枢部は、比較的のことではあるが独仏露三国の事情を精通せるも、英米二国の事情をよく知らず、従って独仏露は之を重視し、若しくは真相的意見を有するも、英米は之れを軽視し、若しくは皮相的意見を有するという事実があった（以下略）」

著者の松下自身が、仙台地方幼年学校出身の陸士第二五期生である。中尉のときに社会主義的な著作刊行を企てたとして停職処分を受け予備役となり、その後社会運動に加わったりした後、軍事史研究の開拓者となった人物である。彼の幼年学校の弊害論はきわめて妥当だといえる。

加登川幸太郎『陸軍の反省（上）』[6]も、松下の幼年学校論に加えて、山中峯太郎『陸軍の反逆児』[7]を引用して、その幼年学校弊害論を紹介している。山中は大阪幼年学校から中央幼年学校を出た陸士一八期生、近衛歩兵第三聯隊付で、同聯隊の一七期生に東条英機がいた。山中は陸軍大学校を中途退学して、中国革命に参加した熱血児だが、東条とは長い交友があった。戦後の五四年に書いたこの回想記では、東条批判、陸軍批判を行っている。山中は幼年学校からの陸軍の教育、とくに幼年学校教官は、少年期から強烈な自負心を植えつけるもので、東条はそうした自負心を持つ者の典型であった。「東條英機は首相兼陸相として、開戦に踏み切ったが、東條でなくても、幼年学校出の誰かが首相である限り、対米応戦に踏み切ったであろう」[8]と、山中は自己の体験に照らして書いている。

加登川は幼年学校出身でない立場から、この山中の議論に賛成し、松下の幼年学校論に同意している。そして年少時代から自負心を育てられ果断実行を奨励されて、それが習性となったのが、幼年学校出の高級幹部だとしている。

陸軍のエリートたちの「唯我独尊、無軌道ぶり、戦場での硬直した考え方などの原動力」が、幼年学校いらい養われた「攻撃精神即ち必勝の信念」にあるという山中、加登川の結論も当たっているといえよう。加登川は松下、山中とは異なって、幼年学校出ではな

く、北海道の旭川中学校を出て陸士予科に入った。その回想では次のように述べている。(9)

私は陸士に入ってしまってから、「これはしまった」と思った。中学出にきわめて不利な制度であることを発見してぼーっとした。私の士官学校は、これは入るんではなかったという後悔に始まっている。おかしなことのようだが、幼年学校出が優位の体制であったということを、陸軍士官学校へ入ってから悟ったわけである。

幼年学校出は中学出に先んじてすでに三年間の軍教育を受けており、その軍事知識と能力で大きな差があり、それがまた自尊心と独善意識を生み出したとしている。しかし幼年学校出である松下、山中と、そうでない加登川の幼年学校弊害論は一致しているのである。こうした性格を持った幼年学校出身者が、作戦参謀となって作戦を立案したり、師団長や軍司令官となって命令を下したとき、補給を無視した積極的な攻勢作戦を行って、多くの将兵を飢えに晒したのである。

〔注〕

(1) 松下芳男『明治軍制史論・下巻』、有斐閣、一九五六年、四五五～四五六頁。

(2) 同前書、四五八頁。

(3) 加登川幸太郎『陸軍の反省(上)』、文京出版、一九九六年、一三七頁。
(4) 日本近代史料研究会編『日本陸海軍の制度・機構・人事』、東京大学出版会、一九七一年所収の「主要陸海軍人の履歴」「陸軍大学校卒業生一覧」などより集成。
(5) 前掲、松下芳男『明治軍制史論・下巻』四五五〜四六一頁。
(6) 前掲、加登川幸太郎『陸軍の反省(上)』。
(7) 山中峯太郎『陸軍の反逆児』、小原書房、一九五四年。
(8) 同前書、二〇頁。
(9) 前掲、加登川幸太郎『陸軍の反省(上)』、一四一〜一四四頁。

5　降伏の禁止と玉砕の強制

(1)　日本軍の捕虜政策とその転換

日本陸海軍にとっての最大の特徴は、日本軍には降伏はない、日本軍人は捕虜にはならない、という建て前を堅持していたことである。この死ぬまで戦えという思想は、昭和期に入ってとくに顕著になり、いくつもの玉砕の悲劇を生み出している。それは、この時期になって捕虜政策が、とくにきびしくなってきたからである。

明治期からの日本は、国際的地位の向上を目指し、西欧列強なみの文明国の列に加わることに熱心であった。一八九九年のハーグ国際平和会議における「陸戦ノ法規慣例ニ関スル条約」にも参加し、調印批准している。日清戦争、日露戦争、第一次大戦における対独戦争のいずれの場合も、天皇の宣戦の詔書には、「国際法規ヲ遵守」して戦えという文言が入っていた。実戦でも陸海軍の高級司令部には法律家の顧問を置き、国際法違反の非難を受けることがないように配慮していた。陸海軍将校の教育でも国際法をきちんと教え、一定の教養を持たせる努力をしていた。日清戦争の初頭における東郷平八郎艦長の高陞号撃沈が国際法に則《のっと》るものだったことや、日露戦争における旅順の降伏ロシア軍にたいする処遇の正しかったことなどは、国際法遵守の見本であった。

日露戦争のロシア軍捕虜が、松山その他の捕虜収容所で好遇され、それが縁で親日家となったという話は多く残されている。第一次大戦におけるドイツ人捕虜が、管弦楽団を作ってベートーベンの第九交響曲を演奏したり、製菓技術を伝授したりした話が語られているように、国内捕虜収容所におけるその待遇は、ハーグ条約に沿ったものであった。

このような捕虜への優遇策にたいして、とくに第一次大戦中の捕虜取扱いに関し、軍内部から捕虜を優遇しすぎるという批判が始まった。国際法に基づき、人道的取扱いをするという方針の下での捕虜の処遇について、日本兵の待遇に比べてもよすぎるという非難が起こった。とくに捕虜は不名誉だという日本の観念に反し、国民教育上もよくないというのである。

一九一六年九月、俘虜収容所長会議において、次のような訓示が行われている(1)。

本邦人の俘虜慰問並ニ物品寄贈等ニ関シテハ国民教育ニ注意スルヲ要ス

既ニ武器ヲ棄テ、投降セル俘虜ニ対シテハ毫モ憎悪ノ念ヲ有スベキモノニアラズ故ニ我国民中彼等ノ境遇ヲ憫《あわれ》ミ之ヲ慰問シ救恤品《きゅうじゅつひん》ヲ給スルモノアルモ敢テ不可ナラズ、然レドモ茲ニ注意スベキハ日本ト西洋トニ於イテ俘虜ニ対スル見解ヲ異ニスルコト之レナリ、則チ西洋ニ在テハ名誉ノ俘虜タリト雖モ本邦ニ在テハ最モ恥辱トスベキ俘虜タリ、吾人ハ敵国ノ勇士ヲ遇スルニ其途ヲ以テスルコトノ我武士道ト合シ又国家ノ対面上大国民タルノ襟度ヲ表示スルノ上ニ於テ必要ナル要件タルコトヲ信ズルト同時ニ一面又帝国々民トシテハ最後ニ至ル迄如何ニ力戦奮闘スルト雖モ死ノ栄アッテ俘虜タルノ恥辱ナカランコトヲ期セサル可カラズ、之レ即チ相反スル顕象ニシテ動《やや》モスレバ被是混交シテ其一方ニ偏スルカ又ハ無意味ニ中道ヲ取ラントスレハ共ニ其宜シキヲ得ザルヲ信ズ曽テ某収容所ニ於テ小学生徒ノ参観ニ来リ若干ノ寄贈ヲナセルモノアリ、若シ此等小学児童ニシテ我名誉ノ戦死者ト等シク名誉ノ俘虜ナリトノ感想ヲ懐クモノアルトキハ国民教育上大害アルモノト言ハザルベカラズ。

つまり捕虜を優遇するのは、死ぬまで戦うべきで捕虜は恥辱だとする日本の考え方に反するもので、これを見学させることは国民教育上有害だというのである。

第一次大戦後にこうした捕虜への考え方が表面化し、日本軍の捕虜政策は大きく転換する。それは国際会議への対応にも現れた。その後の日本の態度、とくに捕虜政策については、明らかに大きな転換がみられるのである。

転換の理由の第一は、精神主義を強調するようになった結果、日本軍人は死ぬまで戦うべきだとし、捕虜を恥辱とする思想を広げたことである。昭和期にこの考えはいっそう強くなった。三二年の第一次上海事変のさいの、空閑昇少佐の事件は、捕虜を否定する大きなきっかけとなった。歩兵第七聯隊の大隊長空閑少佐は、激戦中に重傷を負って人事不省となり、部下は大隊長を残して後退したため中国軍の捕虜となった。停戦協定成立後の捕虜交換で帰還した空閑は、かつての戦場を訪れてその場で自殺した。これが美談として伝えられたのである。

第二の理由は、大戦後の日本の国際的地位の向上から、もはや文明国に並ぼうとする努力の必要はなくなった、とする優越感を持つようになったこと、そしてこれ以上の日本の発展は軍事侵略による以外ないとし、国際条件の制約を排除しようとするようになったことがある。それを端的に示すものに、二九年のジュネーブ条約への対応がある。

二九年七月からジュネーブで、一九〇六年のジュネーブ条約の改正、および捕虜に関する法典制定のための会議が開かれた。これは、捕虜取扱いについての従来の条約や規則を一本化しようとするものであった。日本はこれに参加し、吉田伊三郎大使を全権とし、陸軍は下村定砲兵中佐（四五年の最後の陸相）と松田彰一等軍医を委員として参加させた。

会議では「捕虜の待遇分科会」に下村委員は日本の対案を提出した。それは日本からみて捕虜の待遇が過度の好遇になっているのを修正しようとするものであった。しかし分科会で日本の修正案は否決された。結局ほぼ原案通りに条約は成立した。下村中佐はその力が足りなかったことを報告している。(2)

日本代表も調印したのだが、この条約は日本では批准されなかった。それは陸海軍が、日本軍人には捕虜はないとし、捕虜への好待遇を結果したこの条約は、日本にとっては片務的だとして反対したからである。

二九年のジュネーブにおける捕虜に関する条約にたいして、日本は調印したけれども批准はしなかったのである。ただし捕虜の人道的待遇を定めた一九〇七年のハーグにおける「陸戦ノ法規慣例ニ関スル条約」の付属「陸戦ノ法規慣例ニ関スル規則」には調印し、批准している。またジュネーブ条約については、開戦後に米英側より照会されたのにたいして、「準用する」と回答しているので、同じく遵守の義務を負っているはずである。しかしこのような軍部の態度が、日本軍の捕虜政策に影響を与えなかったはずがない。

このような捕虜政策の転換をより鮮明にしたのが、日中戦争であった。この戦争は、その規模においても、内容の深刻さにおいても、日清、日露戦争や第一次大戦を上回る大戦争であった。だが、日本は宣戦布告をせず、戦争ではなく事変だという建て前をとった。だから天皇の国際法を守れという詔書も出なかった。宣戦布告に代わるものとされたのは、三七年八月一五日の政府声明と、これを追認した形の九月四日の第七二臨時議会における天皇の開院式の勅語がある。ここでは戦争目的を「暴戻《ぼうれい》支那ノ膺懲《ようちょう》」(暴支膺懲)として、国際法には一言半句も言及していない。それどころか八月五日の陸軍次官の支那駐屯軍参謀長宛の通牒(3)で「現下ノ情勢ニ於テ帝国ハ対支全面戦争ヲ為シアラザルヲ以テ「陸戦ノ法規慣例ニ関スル条約其ノ他交戦法規ニ関スル諸条約」ノ具体的事項ヲ悉《ことごと》ク適用シテ行動スルコトハ適当ナラズ」と示した。同様の通牒は、その後編成されて出動する各軍にも逐次出されている。つまり国際法を適用しなくてもよいとしたのである。またこの通牒では「戦利品、俘虜等ノ名称」は使用するなとも示している。

国際法は適用しない、「俘虜」という名称は使わないという指示は、第一線部隊にとっては捕虜は作るなという命令と受けとられかねないいい方である。これが捕虜の大量殺害に通じたのである(俘虜は戦前の軍用語で捕虜のこと)。

このような捕虜対策をとった背景には、日本軍の中国軍にたいする甚だしい差別感、蔑視感があった。三三年に陸軍歩兵学校が頒布した「対支那軍戦闘法ノ研究」(4)では、「捕虜ノ取扱」の項で、次のようにいっている。

捕虜ハ他列国人ニ対スル如ク必スシモ之レヲ後送監禁シテ戦局ヲ待ツヲ要セス、特別ノ場合ノ外之ヲ現地又ハ地方ニ移シ釈放シテ可ナリ

支那人ハ戸籍法完全ナラサルノミナラス特ニ兵員ハ浮浪者多ク其存在ヲ確認セラレアルモノ少キヲ以テ仮リニ之レヲ殺害又ハ他ノ地方ニ放ツモ世間的ニ問題トナルコト無シ

中国兵の捕虜は殺してもかまわないといっているのである。三七年一二月南京郊外の幕府山における山田支隊の一万五〇〇〇ないし二万の捕虜殺害をはじめとする中国兵捕虜の組織的な大量殺害が行われたのは、こうした日本軍の対中国蔑視が根底にあったからだといえよう。

日本軍に捕虜はないのだから、国際法による捕虜の待遇は優遇にすぎる。まして素質の劣る中国軍にそんな待遇をする必要がない。こうした考え方が、三七年の南京大虐殺の背景にあったのである。

(2) 戦陣訓と捕虜禁止

捕虜の禁止を明文をもって示したのは、一九四一年一月八日東条陸相名で示達された戦陣訓の「生きて虜囚の辱《はずかし》めを受けるな」という言葉である。だが捕虜の禁止は、戦陣訓を待つまでもなく、当時の日本軍にとってはすでに当然のこととなっていた。

戦陣訓そのものは、日中戦争における軍紀の頽廃現象、とくに掠奪、放火、強姦、殺人などの多発にたいする戒めとして発布されたものである。発案したのは陸軍省軍事課で、板垣陸相の決裁を経て、四〇年から教育総監部第一課で起草された。起草にかかわったのは、同課の精神教育班主任の浦辺少佐、課員の白根中尉（京大哲学科出身の召集将校）で、教育総監部、陸軍省からも委員が参加した。最終の文案は島崎藤村に委嘱して手を入れたという。(5)

したがってその内容は、将兵に戦場道徳を説いたもので、抽象的に徳目を列挙しているが、ねらいは軍紀の確立、犯罪非行の防止であった。だが、いくら軍の中央部が「武徳の高揚を強調しても、それは末端の兵隊達に対しては馬の耳に念仏であったろう」とされている。(6)

ところが大戦の日本軍の莫大な犠牲者の原因が捕虜の禁止によって生じた悲劇であったことから、戦後になってから戦陣訓の捕虜を戒める条項が大きくとり上げられるようになった。(7)そのことについて、井本熊男の次のような回想がある。

俘虜問題について見るとき、「生きて虜囚の辱めを受けるな」という戦陣訓の教えよりも、更にそれ以前から根本的な国民思想となっていたのは、捕虜となることを禁じた伝統的観念と、捕虜となった場合、状況によっては死刑に処せられるという陸軍刑法の罰則の方が遥かに強く作用していたと思う。（私は昭和十四年頃始めて南洋方面を旅行した時、仏印、ボルネオ等で、日露戦争で捕虜となった為に故国に帰ることができず、流れてここに土着したという六十歳前後の日本人老人と数人あって深く考えさせられた

記憶を思い起こす）

すなわち、戦陣訓が出されたからというよりは、もともとあった捕虜を潔《いさぎよ》しとしない考え方の上に、きびしい罰則があったからだとしている。

確かに捕虜にたいする処罰はきびしかった。とくにそれが強化されたのは、三九年のノモンハン事件からであった。ソ連軍の圧倒的な火力による日本軍の潰滅という結果に終わったこの事件で、日本側から相当数の捕虜が出た。また日本軍が退却したので多数の死体がソ連軍側に残された。そこで九月一六日にモスクワで停戦協定が成立した後、現地で九月一八日から二三日まで、停戦の具体的交渉と遺体収容、捕虜交換の話し合いが行われて、この交渉では、捕虜交換について、全数交換か同数交換について容易にまとまらなかった。そのため第一次として九月二七、二八日に、ソ連軍捕虜八七名と日本軍捕虜八八名が交換され、さらに四〇年四月二七日、ソ連軍捕虜二名と日本軍捕虜一一六名が交換された(8)。

この交換捕虜に対する軍の態度はきびしかった。九月三〇日陸軍大臣は関東軍司令官（支那派遣軍総司令官）にたいし、「今次事変ニ於テ捕虜ト為リ帰還セル者ニ就テハ一率ニ捜査ヲ行ヒ有罪ト認メタルモノハ総テ之ヲ起訴スヘシ」とした(9)。さらに九月三〇日付陸軍次官の関東軍参謀長（支那派遣軍総参謀長）あて通牒は、捜査後の取扱いについて左記のように指示した(10)。

一、捜査ノ結果不起訴ト為リ又ハ無罪ノ言渡ヲ受ケタル者ノ中所要ノ者ニ対シテハ厳重ナル懲罰処分ヲ行フ

二、刑ノ執行終了者ニシテ償勤ヲ要スルモノハ総テ教化隊ニ於テ服役セシム懲罰処分ヲ受ケタル者ノ中所要ノ者亦之ニ準ス

三、処分終了者将来ノ保護ニ関シテハ本人ノ意向ニ依リテハ日本以外ノ地ニ於テ生活シ得ル如ク斡旋ス

捕虜となって帰還した者は、すべて捜査の対象とし、その結果たとえ不起訴、または無罪となっても、懲罰の対象とせよと、きびしい処置を命じているのである。だがそれまででも、中国戦場での捕虜帰還者にたいする処分は厳重であった。三九年末に支那駐屯憲兵隊が調査した二六名の「俘虜帰還者名簿」(匿名)によると、全員が事件送致されている。そのうち不起訴九名、審理中一六名、結審一名である。結審しているのは、戦闘中負傷し捕虜になった現役の一等兵だが、処分結果は無期懲役という重刑であった。(11)

こうしたこともあって、戦陣訓発布以前に、捕虜は重刑に処されるということは知れわたっており、いったん捕らえられると、帰還を拒否して相手側に留まる者も増えていた。

ノモンハン事件の捕虜で、そのままモンゴルやソ連に永住した元日本兵が相当数に上っていることは、たびたび報じられている。例えば楠裕次『ノモンハン事件って何だったのか』では、「たしかに存在する残留捕虜」という章を立てて、多くの事例を紹介している。(12)戦陣訓はこうした既成事実を明文化したという意味を持っているといえよう。

捕虜を認めないのは、陸軍だけでなく海軍でも同様であった。日中戦争の当初、海軍は制式化して間もない九六中攻や九六艦戦を使って、南京をはじめとする中国奥地への戦略爆撃を行った。この爆撃では、攻撃側の日本軍にも大きな損害が生じた。その中で第十三航空隊の分隊長山下七郎大佐は不時着して捕虜となった。状況によってこれを知った海軍当局は、捕虜として処分したが、このことについて海軍航空の当事者である奥宮政武は、次のように回想している。(13)

わが陸海軍での捕虜についての考え方は多分に、地上戦や海上戦を前提としていたようである。が、航空戦の場合は、それらとは情況を著しく異にしていた。ほとんどの場合、味方の部隊から遠く離れた敵地の上空で戦うので、敵弾を受けたり、機体や発動機が故障したり、燃料が不足したりした場合には、搭乗員に異常がなくても、飛行の継続は不可能になる。そうなれば、自爆するか、敵地に降着するしかない。したがって、捕虜についても、新しい考え方がうまれるべきではないか、と私は考えていた。が、そうされなかったところに悲劇の一因があった。

つまり捕虜の禁止が、有為の搭乗員を自殺の悲劇に追いこむのを、どうすることもできなかったという述懐である。

(3) 命令された「玉砕」

一九四二年、ミッドウェー作戦と並行して行われたアリューシャン作戦で、日本軍は六月七日にキスカ島とアッツ島を占領した。陸軍の北海支隊（歩兵一大隊基幹）がこれに当たったが、制海・制空権の確保が難しいので、北海支隊は九月上旬にアッツ島を撤してキスカ島に移り海軍陸戦隊とともに同島の防衛に当たった。ところが大本営は、補給輸送の見込みがないのに、キスカ島とともにアッツ島も確保する方針に転換し、四二年一〇月北海守備隊を編成し、アッツ島を再占領して、両島守備の態勢をととのえた。北海守備隊は四三年二月までにキスカ島（鳴神島と改称）に第一地区隊、アッツ島（熱田島と改称）に第二地区隊を置いた。アッツ島の兵力は、守備隊長山崎保代大佐の下に、歩兵一大隊、砲兵一大隊、高射砲一大隊などであった。

四三年五月一二日、米軍は圧倒的な砲爆撃の援護の下にアッツ島に上陸した。守備隊は孤立無援、ただ現有兵力で戦って死を待つばかりとなった。これにたいし大本営も、上部機関である北方軍も北海守備隊も、協同すべき海軍も、何の救援の手段もとれなかった。キスカ島にある北海守備隊長は、五月一五日にアッツ島の第二地区隊にたいし、「各人所持ノ軍隊手牒其ノ他ノ手記等ニ依リ機秘密ノ漏洩セザル様一般ニ留意処置セラレ度」と電報し、暗に玉砕の用意をせよと命じている(14)。

結局、大本営以下は何の救援行動もとらず、守備隊の勇戦敢闘を賞讃するだけで、玉砕を待っていたのである。その後につづく南太平洋の諸島の場合も同様であった。玉砕を避ける唯一の道は降伏であるが、それは全然考慮の外であった。

高級指揮官は、状況がまったく絶望的になった場合、無駄な人命の喪失を防ぐために降伏を命じるべきではなかったろうか。これは専門の軍人以外の書いた戦記としてきわめて傑出している大岡昇平の『レイテ戦記』の一貫した問いかけである。五〇万人の死没者、しかもそのほとんどが餓死者であるフィリピン戦こそこの問題を考えさせられるのだが、高級指揮官がその良心にかけてとり得た方法の一つが、独立混成第五十四旅団長北条藤吉少将の場合であった。

事例の一つとして一二三頁で述べたように、ミンダナオ島ザンボアンガ方面の防衛に当たっていた同旅団（萩兵団）は、四五年三月一〇日、正面から米軍の上陸を受けた。圧倒的な米軍の砲爆撃のため陣地を失い、四月に入って北方に転進したが、米軍の攻撃がつづき、ついに五月二六日兵団長は「部隊解散」を命令して自決した(15)。その後の萩兵団は各部隊ごとに、バラバラに北東にすすみ、九月中旬サニト湾附近で合流し、九月二七日終戦を知って米軍に降伏した。萩兵団は五一九四名中四〇二八名が戦没(転進開始までの戦死六三八名)した。一一六六名が生存したことになる。北条少将としては、これ以上部下を餓死させたくなければ、降伏以外に道はないというところまで追いつめられていたのである。しかし降伏は認められない日本軍人としては、自決そして部隊解散というのが最後の選択であったのかもしれない。

いずれにせよ日本軍の捕虜の否定、降伏の禁止というきびしい方針は、戦況不利の場合に日本軍にたいし悲劇的な結末を強制することになった。餓死か玉砕という選択を、いやおうなしに迫られることになったのである。

尽くすべきことをすべて尽くし、抵抗の手段がまったくなくなっても、捕虜となることを認めない思想、万策尽きた指揮官が部下の生命を守るために降伏という道を選ぶことを許さない方針が、どれだけ多くの日本軍人の生命を無駄な犠牲にしたかわからない。どんな状況の下でも捕虜を許さず、降伏を認めないという日本軍の考え方が、大量な餓死と玉砕の原因となったのである。

〔注〕

(1) 俘虜情報局「俘虜収容所長会議における訓示事項」、大正五年九月六日(『陸軍省大日記』雑、防研史料)。

(2) 陸軍代表委員陸軍砲兵中佐下村定「赤十字及俘虜条約会議ニ関スル報告」、昭和四年七月五日(『陸軍省大日記』雑、防研史料)。

(3) 『戦史叢書・支那事変陸軍作戦〈2〉』、一九七六年、四六五、四六七頁。

(4) 氷見大佐『対支那軍戦闘法ノ研究』、陸軍歩兵学校、一九三三年。

(5) 和田盛哉「戦陣訓及び派遣軍将兵に告ぐに関する研究」、防衛研修所戦史室、一九七三年。

(6) 「島貫重節の回想」(同前所収)。

(7) 「井本熊男の意見」(同前所収)。

(8) 『戦史叢書・関東軍〈1〉』、一九六九年、七三〇頁。

(9) 「陸軍大臣ヨリ関東軍司令官(支那派遣軍総司令官)宛達、陸満密第八五四号(陸支密第三五五三号)」(防研史料)。

(10) 「次官ヨリ関東軍参謀長(支那派遣軍総参謀長)宛通牒、陸満密第八五五号(陸支密第三五五四号)」(防研史料)。

(11) 大本営研究班「無形戦力思想関係資料第二号、支那事変ニ於ケル支那側思想工作ノ状況」、一九四〇年九月(防研史料)。

(12) 楠裕次『ノモンハン事件って何だったのか』、私家版、一九九四年。

(13) 奥宮政武『私の見た南京事件』、PHP研究所、一九九七年、一三八頁。

(14)『戦史叢書・北東方面陸軍作戦〈1〉』、一九六八年、三六五頁。

(15)『戦史叢書・捷号陸軍作戦〈2〉』、一九七二年、六四四頁。

むすび

日本軍戦没者の過半数が餓死だったという事実に、私はあらためて驚きを感ぜざるを得ない。しかもそれはある戦場の特別な事例なのではなく、全戦場にわたって起こっていたのである。補給の不足または途絶による戦争栄養失調症が常態化し、それによる体力の低下から抵抗力を失って、マラリア、赤痢、脚気などによる病死、つまり広い意味での飢えによる死、餓死を大量発生させたのである。

それも珊瑚礁の孤島や人の住まない熱帯性の密林などでなく、人口豊富なフィリピンやビルマや、さらに中国本土においてでさえも発生して、死因の最大を占めているのである。

これは自然の条件によってもたらされた災害や、偶然の事情が重なって起こった不可抗力の事件ではない。日本軍に固有の性質や条件が作り出した人為的な災害なのである。もともと無理で無茶苦茶な作戦を計画して実行したり、はじめから補給を無視して栄養失調が起こるのに任せたり、これらは故意に作り出された人的原因による結果だったといわざるを得ないのである。本書はそのことに焦点を置いて、餓死発生の原因を追及してきたつもりである。

その結論は、おおよそ次の通りである。

餓死者の大量発生が特別な場合なのでなく、日本軍の戦場ではどこでも起こっていたのはなぜか。それは日露戦争以後の日本軍が、積極果敢な攻勢至上主義をとり、このための先制主導の戦略戦術が至上とされ、作戦担当者はこの積極主義者によって占められた。しかも彼らは独善と専断を育てるエリート教育を受けていた。彼らは作戦目的が至上で、兵站や補給、給養や衛生はすべて作戦に奉仕すべきだとしていたのである。

それを主要ないくつかの作戦で明らかにしてきた。それによると、まず第一に作戦目的があり、目的達成のために計画が立てられるが、そのさい輸送補給、給養や衛生といった軍隊生存の必要条件までもが作戦優先主義のために軽視または無視されたのである。はじめから補給をまったく無視して計画されたポートモレスビー攻略戦やインパール作戦はもちろんのこと、有史いらいの最大の作戦という中国の大陸打通作戦でも、「糧を敵に借る」のがそもそもの方針で、大軍にたいする補給の計画が立てられていなかった。補給の目途がまったくない太平洋の孤島に多数の陸軍を配備して、みすみす餓死の運命に晒したことも同じ発想である。つまり日本の作戦には補給の重要性についての認識がまったくなかったのである。

このことは日本軍の特徴によってもたらされたものであった。兵士の生命を病気や飢えで失うことへの罪悪感が欠けていたのである。それはそもそも軍隊が兵士の生命と人権を軽視していたからであった。当然問題とされるべき大量餓死の発生が、特別の問題ともならずに何回でもくりかえされたことにそれが現れている。

他国の軍隊に比べて、日本軍では戦闘の主役として、陸軍では歩兵、海軍では戦艦が尊重され、それに反して兵站や輸送、補給や衛生に関する部門は軽視され差別されていた。そのことも餓死と無縁ではないといえる。

こうした日本軍の特質をもっともよく示しているのが、捕虜の否定と降伏の禁止である。国際法を無視し、日本軍人は死ぬまで戦うべきで捕虜は恥辱であるとする考えが主流となった。日中戦争やノモンハン事件で捕虜の禁止は定着し、捕虜帰還者は軍法会議で重刑を受けることになった。この捕虜を認めず降伏を許さない日本軍の建て前が、どんな状況の下でも通用したことが、大量餓死や玉砕の悲劇を生み出したのである。

この戦争の日本軍の場合、孤立しあるいはとり残されて、全体の戦況に何の寄与することもなくなり、ただ自滅を待つだけとなった部隊でも、降伏が認められない以上、餓死か玉砕以外に選ぶ道はないという場面が多かった。もし降伏が認められていれば、実に多くの生命が救われたのである。

そもそも無茶苦茶な戦争を始めたこと自体が、非合理な精神主義、独善的な攻勢主義にかたまった陸海エリート軍人たちの仕業であった。そして補給輸送を無視した作戦第一主義で戦闘を指導し、大量の餓死者を発生させたことも彼らの責任である。無限の可能性を秘めた有為の青年たちを、野垂れ死にとしかいいようのない無惨な飢え死にに追いやった責任は明らかである。

解説　藤原彰『餓死した英霊たち』

一ノ瀬俊也

本書の目的は、著者藤原彰いうところのアジア太平洋戦争、別の呼び方をすれば一九三七（昭和一二）年に始まった日中戦争、四一年にはじまって四五年まで続いた太平洋戦争の日本側戦死者二三〇万人のうち、実に一四〇万人の死因が文字通りの餓死と、栄養失調による戦病死、いわば広義の餓死の合数であったことを明らかにすることである。二〇〇一年の刊行時、この数字は衝撃をもって社会に受け止められた。そして今日に至るまで、先の戦争の惨禍を語る際にはよく引用されている。

藤原の主張の力点は、そのような悲惨な事態がけっして一時の局所的なものではなく、中国戦線を含むアジア・太平洋全体で恒常的にみられたこと、その責任は挙げて日本軍の強引な作戦指導、兵士の人権を認めず降伏を禁止した非人間性にあったということに置かれている。

解説を述べるにあたり、まず著者藤原の略歴を述べておきたい。一九二二年、東京に生まれ、中学を経て陸軍士官学校を卒業、歩兵として中国戦線で部隊の指揮を執った。敗戦時の階級は陸軍大尉である。敗戦後、「戦争の真実を明らかにしたい」という気持ちから東京大学文学部史学科に進み、一九六七年に一橋大学助教授就任（のち教授）、二〇〇三年に亡くなるまで日本の軍事史研究を牽引し続けた。

藤原の業績の特徴は、南京事件や昭和天皇の戦争責任、沖縄戦といった個別のテーマを扱った著書のみならず、『軍事史』（一九六一年）や『天皇制と軍隊』（一九七八年）、『日本軍事史』（上下、一九八七年）など、近代日本の軍事史・戦争史に関する通史を複数のこしたことにある。通史が多いのは、彼の学問的な問題意識が「講座派マルクス主義・天皇制ファシズム論を軸とする日本近現代史の全体的・通時的把握」、そして「帝国主義期の日本社会を軍事と天皇・天皇制をつうじて構造的に把握すること」（岡部牧夫「一五年戦争史のあゆみと課題」『歴史評論』二〇〇五年五月号）の二つにあったからだろう。

藤原ののこした通史は、細かい部分では研究や史料公開が進んだ結果、古びたところもあるかもしれない。だが全体としては、今日でもじゅうぶん通読に値する。その理由は、岡部が言うように論理構成が煩瑣な思想論を避けた結果、簡潔明快でわかりやすく、一次史料を駆使した実証に立脚しているからである。この点は晩年の『餓死した英霊たち』にも同じく当てはまる。

＊

本書を読む者は、戦争に対する著者の深い疑問と怒りが、いっけん淡々とした叙述の背後から立ち上ってくるのを感じ取るだろう。それらが読者を引きつけて止まない力となっているのだが、著者の怒りの由来を知るにあたっては、遺著となった『中国戦線従軍記』（二〇〇二年）が参考になるので、以下に紹介しておきたい。

同書は著者のいわば半生記にあたる。陸軍の経理部将校であった父に続くかのように軍人を志し、中学から陸軍士官学校（五五期）へ入学するのだが、その時点で既に軍隊になじめないものを感じていたという。一九四一年に見習士官として中国へ赴任し、同年一〇月一日付で少尉に任官する（満一九歳三か月）。年上の部下たちを率いて華北で共産党ゲリラとの戦闘に従事するのだが、その実態は教えられていた「聖戦」のお題目とは異なっていた。村々を焼き払う味方、中国民衆の飢えた姿を目にしたことが、中国相手の戦争に疑問を持たせていったという。

藤原はその後華中戦線へ転じ、一九四四年に行われた大陸打通作戦（一号作戦）に従軍する。この作戦は中国大陸に点在する連合軍の飛行場を占領して本土空襲を封殺する、南方と中国大陸の陸上交通路を確保する、といった壮大な目標を掲げていたが、計画は机上の空論というべき強引なものだった。現場で戦う藤原たちは過酷な行軍を強いられ、十分な補給を受けることもできなかった。『中国戦線従軍記』は、徴発と称しながらも実際は略奪であった食糧調達の様子や、意味のない命令に翻弄される将兵の姿などを詳しく語っている。

そのようにして実行された作戦の結果は悲惨であった。『餓死した英霊たち』にも部分的に出てくる話ではあるが、中国における藤原の所属部隊・支那駐屯歩兵第三聯隊が四四年四月から敗戦帰国までに出した死没者一六四七名のうち、戦病死は一〇三八名、じつに約六三%にものぼっている。藤原の率いる第三中隊は戦死三六名、戦傷死六名、戦病死三五名（全体の四五%）であった。

＊

著者の戦争体験が本書の語り口に大きな影響を与えているとみられる箇所は他にもある。日本軍の作戦が強引、無謀だったのは、陸軍幼年学校から士官学校、陸軍大学校へと進んだいわゆるエリート参謀たちが一貫して作戦優先の教育を受けてきたからであるが、『中国戦線従軍記』は、藤原本人がすでに三年間陸軍の教育を受けた幼年学校出身者や、何年もかかって陸士合格を果たした年長かつ「軍国主義者そのもの」の同期生たちにハンディキャップや気後れを感じていたことを率直に記している。

戦場で大量の餓死者が生じた理由として、陸軍がつねに作戦を優先して兵站を軽視していた点、偏狭な軍教育を受けた陸幼—陸大出身者のみが出世コースを昇り、比較的柔軟な視点を身につけた中学出身者が冷遇された点も本書は挙げている。それらは、『中国戦線従軍記』があえて記した、父親が陸軍経理学校で恩賜の時計をもらうほど優秀でありながら隊務のために陸大受験の機会を逃し、それを母親が嘆いていたなどという、個人的な経験からも導き出されているように思われる。

藤原は、日本陸軍の無謀さの一面として、対ソ連戦争の準備、そして対米英戦争を進めていたにもかかわらず、肝心の火力を軽視していた点を挙げている。これは、大陸打通作戦で中国軍の陣地を突破するのに火力不十分のため夜襲に頼った経験、そしてなによりも戦争末期、本土決戦準備のため内地に転任した際、所属部隊が「決戦師団」「機動師団」を称していながら火力装備は紙の上にしかなく、実物は未到着であったこと、実際の兵器輸送を馬、それも戦争末期のことで体格劣等の老馬や病馬に頼っていたことなどを、みずから目の当たりにしたからだろう。

本書はいわばマクロの視点に立つ、淡々とした〈数字〉の話が多いようにみえる。だがこれらの著者本人のもろもろの経験によっていわば骨肉化された軍隊組織への反発や不信が、本書の語り口に強い説得力、迫力をあたえているのである。〈数字〉の背後にあるのは、戦争で多くの人間が現実に強いられた飢えと病気の苦しみ、死である。このことを理解するためにも、ぜひ『中国戦線従軍記』の併読をおすすめしたい。

*

『餓死した英霊たち』が刊行されて今年で一七年になる。この間、本書の内容には学問的な批判も出ている。軍事史研究者の秦郁彦は、二〇〇六年の論文「第二次世界大戦の日本人戦没者像　餓死・海没死をめぐって」（のち『旧日本陸海軍の生態学　組織・戦闘・事件』に再録）で藤原の提起した死没者数を再検討し、「南方戦域が六〇％（四八万人）、全戦場では三七％（六二万人）ぐらいが妥当」との見解を提起した。

秦が再算定の根拠とした数字の由来や根拠については、もう少していねいな説明がほしかった。たとえばビルマ方面の死没者数について、藤原はインパール作戦（一九四四年）の戦病死率七八％という数字を敗戦までの同戦域全体に当てはめているが、秦はこれを過大として、三〇％との数字を挙げている。だが、その根拠が論文を読んでもよくわからないのである。

それでも秦が、藤原の門下生である吉田裕『日本の軍隊』（二〇〇二年）などとともに、餓死とならぶ異様な死のかたちである海没死——乗船（艦）が撃沈されたことによる溺死の問題に注目しているのは、戦争の実態を問ううえで重要である。秦の推計では、その数は陸海軍合わせて約四〇万人に達する。ともすれば美化、抽象化されがちな戦争の実態は、一人一人の個別具体的な死のありさまなどの面からとらえなおす必要があるが、本書はその起点となる。

＊

本書の達成を踏まえて今後議論されるべき点がもう一つある。それは、日本軍隊における兵站組織の成立過程の問題である。たしかに太平洋戦争では、全戦域への補給が滞り、多数の餓死者・戦病死者が生じた。この点は疑いようのない事実である。現場で戦争していた藤原にとっては、補給がなかったのは中央で机上の論理に基づく作戦を立てていた参謀が補給を軽視していたからだ、という説明で決着しているのかもしれない。

しかし古来より「腹が減っては戦ができぬ」という単純な理屈がある。これにもとづき明治以来、陸海軍の兵站制度・機関は日清・日露戦争や第一次大戦の経験を経て整備、拡張され続け、その結果として満州事変以降の昭和の戦争が長く続いたのではなかったか。確かに本書で藤原が述べているように、その間兵站を担う輜重兵科は軽視され続けていたのだが、軽視と無視とは大いに異なるはずだ。

最終的に破綻したとはいえ、近代日本はなぜ長期の対外戦争を続けることができたのか、常に海の向こうで戦われた戦争を補給やモノの面から長期間支えた仕組みはどのように作られたのか、という問題について、今の日本史学はいくつかの個別的な取り組みはあるものの、平易で包括的な見取り図を描くには残念ながら至っていない。

むろんそれは、日本軍とその戦争を擁護ないしは弁護するためではない。多くの人々が飢えて死んでいったという過去のあまりに辛い事実について、「なぜこうなったのか」という歴史的、構造的な視点に立って考えることが後世の人間の務めではないか、といいたいのである。この点でも、本書は戦争史に関心を持つ者が必ず読むべき文献の一つである。

本書は、二〇〇一年五月、青木書店より刊行された。

文庫化に際しては、明らかな誤記を訂正した。そのほか、文脈を明らかにするために編集部による補注を施した箇所がある。

民俗地名語彙事典　松永美吉／日本地名研究所編

柳田国男の薫陶を受けた著者が、博捜と精査により日本の地名に関する基礎情報を集成。土地の記憶を次世代へつなぐための必携の事典。（小田富英）

日本の歴史をよみなおす（全）　網野善彦

中世日本に新しい光をあて、その真実と多彩な横顔を平明に語り、日本社会のイメージを根本から問い直す。超ロングセラーを続編と併せ文庫化。

米・百姓・天皇　網野善彦／石井進

日本とはどんな国なのか、なぜ米が日本史を解く鍵なのか、通史を書く意味は何なのか。これまでの日本史理解に根本的転回を迫る衝撃の書。（伊藤正敏）

列島の歴史を語る　網野善彦／藤沢・網野さんを囲む会編

日本は決して「一つ」ではなかった！　中世史に新次元を開いた著者が、日本の地理的・歴史的な多様性と豊かさを平明に語った講演録。（五味文彦）

列島文化再考　網野善彦／塚本学／坪井洋文／宮田登

近代国家の枠組みに縛られた歴史観をくつがえし、列島に生きた人々の真の姿を描き出す、歴史学・民俗学の幸福なコラボレーション。（新谷尚紀）

日本社会再考　網野善彦

歴史の虚像の数々を根底から覆してきた網野史学。漁業から交易まで多彩な活躍を繰り広げた海民に光をあて、知られざる日本像を鮮烈に甦らせた名著。

図説　和菓子の歴史　青木直己

饅頭、羊羹、金平糖にカステラ、その時々の外国文化の影響を受けながら多種多様に発展した和菓子。その歴史を多数の図版とともに平易に解説。

今昔東海道独案内　東篇　今井金吾

いにしえから庶民が辿ってきた幹線道路・東海道。日本人の歴史を、著者が自分の足で辿りなおした名著。東篇は日本橋より浜松まで。（今尾恵介）

居酒屋の誕生　飯野亮一

寛延年間の江戸に誕生しすぐに大発展を遂げた居酒屋。しかしなぜ他の都市ではなく江戸だったのか。一次資料を丹念にひもとき、その誕生の謎にせまる。

すし 天ぷら 蕎麦 うなぎ　飯野亮一

二八蕎麦の二八とは？　握りずしの元祖は？　なぜうなぎに山椒？　膨大な一次史料を渉猟しそんな疑問を徹底解明。これを読まずに食文化は語れない！

天丼 かつ丼 牛丼 うな丼 親子丼　飯野亮一

身分制の廃止で作ることが可能になった親子丼、関東大震災が広めた牛丼等々、どんぶり物二百年の歴史をさかのぼり、驚きの誕生ドラマをひもとく！

増補 アジア主義を問いなおす　井上寿一

侵略を正当化するレトリックか、それとも真の共存共栄をめざした理想か。アジア主義を外交史的観点から再考し、その今日的意義を問う。増補決定版。

十五年戦争小史　江口圭一

満州事変、日中戦争、アジア太平洋戦争を一連の「十五年戦争」と捉え、戦争拡大に向かう曲折にみちた過程を克明に描いた画期的通史。（加藤陽子）

たべもの起源事典 日本編　岡田哲

駅蕎麦・豚カツにやや珍しい郷土料理、レトルト食品・デパート食堂まで。広義の〈和〉のたべものと食文化事象一三〇〇項目収録。小腹のすく事典！

ラーメンの誕生　岡田哲

中国のめんは、いかにして「中華風の和食めん料理」へと発達を遂げたか。外来文化を吸収する日本人の情熱と知恵。丼の中の壮大なドラマに迫る。

京の社　岡田精司

旅気分で学べる神社の歴史。この本を片手に京都の有名寺社を巡れば、神々のありのままの姿が見えてくる。（佐々田悠）

山岡鉄舟先生正伝　小倉鉄樹／石津寛／牛山栄治

鉄舟から直接聞いたこと、同時代人として見聞きしたことを弟子がまとめた正伝。江戸無血開城の舞台裏など、リアルな幕末史が描かれる。（岩下哲典）

士（サムライ）の思想　笠谷和比古

中世に発する武家社会の展開とともに形成された日本型組織。「家（イエ）」を核にした組織特性と派生する諸問題について、日本近世史家が鋭く迫る。

荘園の人々　工藤敬一

人々のドラマを通して荘園の実態を解き明かした画期的な入門書。日本の社会構造の根幹を形作った制度を、すっきり理解する。（高橋典幸）

東京裁判　幻の弁護側資料　小堀桂一郎編

我々は東京裁判の真実を知っているのか？　準備されたものの未提出に終わった膨大な裁判資料から18篇を精選。緻密な解説とともに裁判の虚構に迫る。

一揆の原理　呉座勇一

虐げられた民衆たちの決死の抵抗として語られてきた一揆。だがそれは戦後歴史学が生んだ幻想にすぎない。これまでの通俗的理解を覆す痛快な一揆論！

甲陽軍鑑　佐藤正英校訂・訳

武田信玄と甲州武士団の思想と行動の集大成。大部から、山本勘助の物語や川中島の合戦など、その白眉を収録。新校訂の原文に現代語訳を付す。

機関銃下の首相官邸　迫水久常

二・二六事件では叛乱軍を欺いて岡田首相を救出し、終戦時には鈴木首相を支えた著者が明かす、天皇・軍部・内閣をめぐる迫真の秘話記録。（井上寿一）

増補　八月十五日の神話　佐藤卓己

ポツダム宣言を受諾した「八月十四日」や降伏文書に調印した「九月二日」でなく、「終戦」はなぜ「八月十五日」なのか。「戦後」の起点の謎を解く。

日本商人の源流　佐々木銀弥

第一人者による日本商業史入門。律令制に端を発する供御人や駕輿丁から戦国時代の豪商までを一望し、日本経済の形成を時系列でたどる。（中島圭一）

考古学と古代史のあいだ　白石太一郎

巨大古墳、倭国、卑弥呼。多くの謎につつまれた日本の古代。考古学と古代史学の交差する視点からその謎を解明するスリリングな論考。（森下章司）

江戸はこうして造られた　鈴木理生

家康江戸入り後の百年間は謎に包まれている。海岸部へ進出し、河川や自然地形をたくみに生かした都市の草創期を復原する。（野口武彦）

増補 革命的な、あまりに革命的な　絓《すが》 秀実

「一九六八年の革命は「勝利」し続けている」とは何を意味するのか。ニューレフトの諸潮流を丹念に跡づけた批評家の主著、増補文庫化！（王寺賢太）

考古学はどんな学問か　鈴木公雄

物的証拠から過去の行為を復元する考古学は時に歴史的通説をも覆す。犯罪捜査さながらにスリリングな学問の魅力を味わう最高の入門書。（櫻井準也）

戦国の城を歩く　千田嘉博

室町時代の館から戦国の山城へ、そして信長の安土城へ。城跡を歩いて、その形の変化を読み、新しい中世の歴史像に迫る。（小島道裕）

性愛の日本中世　田中貴子

稚児を愛した僧侶、「愛法」を求めて稲荷山にもうでる貴族の姫君。中世の性愛信仰・説話を介して、日本のエロスの歴史を覗く。（川村邦光）

琉球の時代　高良倉吉

いまだ多くの謎に包まれた古琉球王国。成立の秘密や、壮大な交易ルートにより花開いた独特の文化を探り、悲劇と栄光の歴史ドラマに迫る。（与那原恵）

博徒の幕末維新　高橋敏

黒船来航の動乱期、アウトローたちが歴史の表舞台に躍り出てくる。虚実を腑分けし、稗史を歴史の中に位置付けなおした記念碑的労作。（鹿島茂）

朝鮮銀行　多田井喜生

植民地政策のもと設立された朝鮮銀行。その銀行券等の発行により、日本は内地経済破綻を防ぎつつ軍費調達ができた。隠れた実態を描く。（板谷敏彦）

百姓の江戸時代　田中圭一

百姓たちは自らの土地を所有し、織物や酒を生産・販売していた――庶民の活力にみちた前期資本主義社会として、江戸時代を読み直す。（荒木田岳）

近代日本とアジア　坂野潤治

近代日本外交は、脱亜論とアジア主義の対立構図により描かれてきた。そうした理解が虚像であることを精緻な史料読解で暴いた記念碑的論考。（苅部直）

日本大空襲　原田良次

帝都防衛を担った兵士がひそかに綴った日記。各地の空爆被害、斃れゆく戦友への思い、そして国への疑念……空襲の実像を示す第一級資料。（吉田裕）

陸軍将校の教育社会史（上）　広田照幸

戦時体制を支えた精神構造は、「滅私奉公」ではなく「活私奉公」だった。第19回サントリー学芸賞を受賞した歴史社会学の金字塔、待望の文庫化！

陸軍将校の教育社会史（下）　広田照幸

陸軍将校とは、いったいいかなる人びとだったのか。前提とされていた「内面化」の図式を覆し、「教育社会史」という研究領域を切り拓いた傑作。

餓死《うえじに》した英霊たち　藤原彰

第二次大戦で死没した日本兵の大半は飢餓や栄養失調によるものだった。彼らのあまりに悲惨な最期を詳述し、その責任を問う告発の書。（一ノ瀬俊也）

城と隠物の戦国誌　藤木久志

村に戦争がくる！　そのとき村人たちはどのような対策をとっていたか。命と財産を守るため知恵を結集した戦国時代のサバイバル術に迫る。（千田嘉博）

裏社会の日本史　フィリップ・ポンス　安永愛訳

中世における賤民から現代社会の経済的弱者まで、また江戸の博徒や義賊から近代以降のやくざまで――フランス知識人が描いた貧困と犯罪の裏日本史。

古代の朱　松田壽男

古代の赤色顔料、丹砂。地名から産地を探ると同時に古代史が浮き彫りにされる。標題論考に、「即身佛の秘密」、自叙伝「学問と私」を併録。

江戸　食の歳時記　松下幸子

季節感のなくなった日本の食卓。今こそ江戸に学んで四季折々の食を楽しみませんか？　江戸料理研究の第一人者による人気連載を初書籍化。（飯野亮一）

古代の鉄と神々　真弓常忠

弥生時代の稲作にはすでに鉄が使われていた！　原型を遺さないその鉄文化の痕跡を神話・祭祀に求め、古代史の謎を解き明かす。（上垣外憲一）

増補 海洋国家日本の戦後史　宮城大蔵

戦後アジアの巨大な変貌の背後には、開発と経済成長という日本の「非政治」的な戦略があった。海域アジアの戦後史に果たした日本の軌跡をたどる。

日本の外交　添谷芳秀

憲法九条と日米安保条約に根差した戦後外交。それがもたらした国家像の決定的な分裂をどう乗り越えるか。戦後史を読みなおし、その実像と展望を示す。

世界史のなかの戦国日本　村井章介

世界史の文脈の中で日本列島を眺めてみるとそこには意外な発見が！　戦国時代の日本はそうとうにグローバルだった！（橋本雄）

増補 中世日本の内と外　村井章介

国家間の争いなんておかまいなし。中世の東アジア人は海を自由に行き交い生計を立てていた。私たちの「内と外」の認識を歴史からたどる。（榎本渉）

武家文化と同朋衆　村井康彦

足利将軍家に仕え、茶や花、香、室礼等を担ったクリエイター集団「同朋衆」。日本らしさの源流を生んだ彼らの実像をはじめて明らかにする。（橋本雄）

古代史おさらい帖　森浩一

考古学・古代史の重鎮が、「土地」「年代」「人」の基本概念を徹底的に再検証。「古代史」をめぐる諸問題の見取り図がわかる名著。

大元帥 昭和天皇　山田朗

昭和天皇は、豊富な軍事知識と非凡な戦略・戦術眼の持ち主でもあった。軍事を統帥する大元帥としての積極的な戦争指導の実像を描く。（茶谷誠一）

江戸の坂 東京の坂（全）　横関英一

東京の坂道とその名前からは、江戸の暮らしや庶民の心が透かし見える。東京中の坂を渉猟し、元祖「坂道」本と謳われた幻の名著。（鈴木博之）

つくられた卑弥呼　義江明子

邪馬台国の卑弥呼は「神秘的な巫女」だった？　明治以降に創られたイメージを覆し、古代の女性支配者たちを政治的実権を持つ王として位置づけなおす。

北一輝　渡辺京二

明治天皇制国家を批判し、のち二・二六事件に連座して刑死した日本最大の政治思想家北一輝の生涯。第33回毎日出版文化賞受賞の名著。（臼井隆一郎）

中世を旅する人びと　阿部謹也

西洋中世の庶民の社会史。旅籠が客に課す厳格なルールや、遍歴職人必須の身分証明のための暗号など、興味深い史実を紹介。（平野啓一郎）

中世の星の下で　阿部謹也

中世ヨーロッパの庶民の暮らしを具体的、克明に描き、その歓びと涙、人と人との絆、深層意識を解き明かした中世史研究の傑作。（網野善彦）

中世の窓から　阿部謹也

中世ヨーロッパに生じた産業革命にも比する大転換――。名もなき人びとの暮らしを丹念に辿り、その全体像を描き出す。大佛次郎賞受賞。（樺山紘一）

1492 西欧文明の世界支配　ジャック・アタリ　斎藤広信訳

1492年コロンブスが新大陸を発見したことで、アメリカをはじめ中国・イスラム等の独自文明は抹殺された。現代世界の来歴を解き明かす一冊。

憲法で読むアメリカ史(全)　阿川尚之

建国から南北戦争、大恐慌と二度の大戦をへて現代まで。アメリカの歴史は常に憲法を通じ形づくられてきた。この国の底力の源泉へと迫る壮大な通史！

専制国家史論　足立啓二

封建的な共同団体性を欠いた専制国家・中国。歴史的にこの国はいかなる展開を遂げてきたのか。中国の特質と世界の行方を縦横に考察した比類なき論考。

暗殺者教国　岩村忍

政治外交手段として暗殺をくり返したニザリ・イスマイリ教国。広大な領土を支配したこの国の奇怪な活動を支えた教義とは？（鈴木規夫）

増補 魔女と聖女　池上俊一

魔女狩りの嵐が吹き荒れた中近世、美徳と超自然的力により崇められる聖女も急増する。女性嫌悪と礼賛の熱狂へ人々を駆りたてたものの正体に迫る。

ムッソリーニ　ロマノ・ヴルピッタ
統一国家となって以来、イタリア人が経験した激動の歴史。その象徴ともいうべき指導者の実像とは。既成のイメージを刷新する画期的ムッソリーニ伝。

資本主義と奴隷制　エリック・ウィリアムズ　中山毅訳
産業革命は勤勉と禁欲と合理主義の精神などではなく、黒人奴隷の血と汗がもたらしたことを告発した歴史的名著。待望の文庫化。（川北稔）

文天祥　梅原郁
モンゴル軍の入寇に対し敢然と挙兵した文天祥。宋王朝に忠義を捧げ、刑場に果てた生涯を、宋代史研究の泰斗が厚い実証とともに活写する。（小島毅）

歴史学の擁護　リチャード・J・エヴァンズ　今関恒夫／林以知郎／與田純訳
ポストモダニズムにより歴史学はその基盤を揺るがされた。学問を擁護すべく著者は問題を再考し、論議を投げかける。原著新版の長いあとがきも訳出。

増補 中国「反日」の源流　岡本隆司
「愛国」が「反日」と結びつく中国。この心情は何に由来するのか。近代史の大家が20世紀の日中関係を解き、中国の論理を描き切る。（五百旗頭薫）

世界システム論講義　川北稔
近代の世界史を有機的な展開過程として捉える見方、それが〈世界システム論〉にほかならない。第一人者が豊富なトピックとともにこの理論を解説する。

インド文化入門　辛島昇
異なる宗教・言語・文化が多様なまま統一された稀有な国インド。なぜ多様性は排除されなかったのか。共存の思想をインドの歴史に学ぶ。（竹中千春）

中国の歴史　岸本美緒
中国とは何か。独特の道筋をたどった中国社会の変遷を、東アジアとの関係に留意して解説。初期王朝から現代に至る通史を簡明かつダイナミックに描く。

大都会の誕生　喜安朗　川北稔
都市型の生活様式は、歴史的にどのように形成されてきたのか。この魅力的な問いに、碩学がふたつの都市の豊富な事例をふまえて重層的に描写する。

ユダヤ人の起源
シュロモー・サンド
高橋武智監訳
佐々木康之／木村高子訳
〈ユダヤ人〉はいかなる経緯をもって成立したのか。歴史記述の精緻な検証によって実像に迫り、そのアイデンティティを根本から問う画期的試論。

中国史談集
澤田瑞穂
皇帝、彫青、男色、刑罰、宗教結社など中国裏面史を彩った人物や事件を中国文学の碩学が独自の視点で解き明かす。怪力乱「神」をあえて語る！（堀誠）

ヨーロッパとイスラーム世界
R・W・サザン
鈴木利章訳
〈無知〉から〈洞察〉へ。キリスト教文明とイスラーム文明との関係を西洋中世にまで遡って考察し、読者に歴史的見通しを与える名講義。（山本芳久）

消費社会の誕生
ジョオン・サースク
三好洋子訳
グローバル経済は近世イギリスの新規起業が生み出した！　産業が多様化し雇用と消費が拡大する産業革命前夜を活写した名著を文庫化。（山本浩司）

図説　探検地図の歴史
R・A・スケルトン
増田義郎／信岡奈生訳
世界はいかに〈発見〉されていったか。人類の知が全地球を覆っていく地理的発見の歴史を、時代ごとの地図に沿って描き出す。貴重図版二〇〇点以上。

レストランの誕生
レベッカ・L・スパング
小林正巳訳
革命期、突如パリに現れたレストラン。なぜ生まれ、なぜ人気のスポットとなったのか？　その秘密を膨大な史料から複合的に描き出す。（関口涼子）

ブラッドランド（上）
ティモシー・スナイダー
布施由紀子訳
ウクライナ、ポーランド、ベラルーシ、バルト三国。西側諸国とロシアに挟まれた地で起こった未曾有の惨劇。知られざる歴史を暴く世界的ベストセラー。

ブラッドランド（下）
ティモシー・スナイダー
布施由紀子訳
民間人死者一四〇〇万。その事実は冷戦下で隠蔽され、さらなる悲劇をもたらした——。圧倒的讃辞を集めた大著、新版あとがきを付して待望の文庫化。

同時代史
タキトゥス
國原吉之助訳
古代ローマの暴帝ネロ自殺のあと内乱が勃発。絡みあう人間ドラマ、陰謀、凄まじい政争を、臨場感あふれる鮮やかな描写で展開した大古典。（本村凌二）

明の太祖　朱元璋　檀上寛

貧農から皇帝に上り詰め、巨大な専制国家の樹立に成功した朱元璋。十四世紀の中国の社会状況を読み解きながら、元璋を皇帝に導いたカギを探る。

ハプスブルク帝国1809-1918　A・J・P・テイラー　倉田稔訳

ヨーロッパ最大の覇権を握るハプスブルク帝国。その19世紀初頭から解体までを追う。多民族を抱えつつ外交問題に苦悩した巨大国家の足跡。（大津留厚）

歴史（上）　トゥキュディデス　小西晴雄訳

野望、虚栄、裏切り――古代ギリシアを殺戮の嵐に陥れたペロポネソス戦争とは何だったのか。その全貌を克明に記した、人類最古の本格的「歴史書」。

歴史（下）　トゥキュディデス　小西晴雄訳

多くの「力」のせめぎあいを通して、どのように諸々の政治制度が確立されてきたのか？　透徹した眼差しで激動の古代ギリシア世界を描いた名著。

日本陸軍と中国　戸部良一

中国スペシャリストとして活躍し、日中提携を夢見た男たち。なぜ彼らが、泥沼の戦争へと日本を導くことになったのか。真相を追う。（五百旗頭真）

世界をつくった貿易商人　フランチェスカ・トリヴェッラート　玉木俊明訳

東西インド会社に先立ち新世界に砂糖をもたらし西欧にインドの捺染技術を伝えたディアスポラの民。その商業組織の全貌に迫る。文庫オリジナル。

カニバリズム論　中野美代子

根源的タブーの人肉嗜食や纏足、宦官……。目を背けたくなるものを冷静に論ずることで逆説的に人間の真実に迫る血の滴る異色の人間史。（山田仁史）

インド大反乱一八五七年　長崎暢子

東インド会社の傭兵シパーヒーの蜂起からインド各地へ広がった大反乱。民族独立運動の出発点ともいえるこの反乱は何が支えていたのか。（井坂理穂）

帝国の陰謀　蓮實重彦

一組の義兄弟による陰謀から生まれたフランス第二帝政。「私生児」の義弟が遺した二つのテクストを読解し、近代的現象の本質に迫る。（入江哲朗）

ちくま学芸文庫

餓死《うえじに》した英霊《えいれい》たち

二〇一八年七月十日　第一刷発行
二〇二三年八月三十日　第五刷発行

著者　藤原彰（ふじわら・あきら）
発行者　喜入冬子
発行所　株式会社　筑摩書房
東京都台東区蔵前二―五―三　〒一一一―八七五五
電話番号　〇三―五六八七―二六〇一（代表）
装幀者　安野光雅
印刷所　株式会社精興社
製本所　株式会社積信堂

ISBN978-4-480-09875-7 C0121